Edmund Stengel

**Vokalismus des lateinischen Elementes in den wichtigsten romanischen Dialekten**

Edmund Stengel

**Vokalismus des lateinischen Elementes in den wichtigsten romanischen Dialekten**

ISBN/EAN: 9783743662513

Hergestellt in Europa, USA, Kanada, Australien, Japan

Cover: Foto ©Thomas Meinert / pixelio.de

Weitere Bücher finden Sie auf **www.hansebooks.com**

# VOCALISMUS

## DES
## LATEINISCHEN ELEMENTES

IN DEN

## WICHTIGSTEN ROMANISCHEN DIALEKTEN

VON

## GRAUBUENDEN UND TYROL

aufgestellt

und

zur erlangung der doctorwürde

bei der

### philosophischen facultät

der

### universität Bonn

eingereicht

von

### Edmund Stengel.

Bonn, 1868.
Druck von Fried. Krüger.

**Seinen verehrten lehrern**

den professoren

## FR. DIEZ und NIC. DELIUS.

# Zweck, vorarbeiten und quellen nachstehender abhandlung.

Gegenwärtige kleine untersuchung hat zum zweck die romanischen dialekte, die bis auf den heutigen tag in einem grossen theil des canton Graubünden in der Schweiz gesprochen werden und sich auch bis nach mehreren abgelegenen thälern Tyrols verzweigen, einer genaueren durchmusterung in bezug auf das ihnen zu grunde liegende lateinische element zu unterwerfen.

Der verfasser beabsichtigte anfangs, mit zugrundelegung der allgemein als richtig anerkannten methode seines verehrten lehrers des herrn prof. dr. Fr. Diez die schicksale, welche sämmtliche lateinische laute in diesen dialekten erlitten haben, zu verfolgen. Er machte den anfang mit dem oberländischen dialekt, für welchen ihm quellen zu gebote standen. Nach herbeiziehung der engadinischen und später auch der tyrolerdialekte (fast ausschliesslich des grödnerischen) besonders aber auch der alten sprachdenkmale aller dialekte, (so weit sie dem verfasser zur hand waren) erschien es ihm, beschränkter zeit halber für geboten, zunächst auf die darstellung der consonantenveränderungen zu verzichten und von den vokalen nur die wandlungen zu verfolgen, welche sie in romanischer (meist auch lateinischer) tonsilbe erfahren haben. Er fürchtete auch, dass sonst bei der grossen menge zu verarbeitenden materials, die genauigkeit der beobachtung leiden möchte. Die sicherlich grossen schwächen und mängel, die dieser arbeit anhaften werden, bittet er mit rücksicht auf seine ungeübtheit und die schwierigkeit dialectischer studien nachsichtig zu beurtheilen.

Was die vorarbeiten zu einer wissenschaftlichen bearbeitung dieser dialekte betrifft, so sind deren nicht gerade viele vorhanden. Das beste hat auch hier mein verehrter lehrer prof. Diez geleistet, welcher in seiner romanischen grammatik vorübergehend auch vorliegender dialekte gedenkt, sich jedoch dem zwecke dieses werkes gemäss nur auf wenige, aber recht brauchbare andeutungen beschränkt. Die erste grammatische, aber fast nur zu praktischen zwecken dienende arbeit ist von Mathli Conradi geliefert[1]). Sie lag mir vor. Der verfasser steht noch auf ziemlich niedriger sprachwissenschaftlicher stufe[2]). Frei von dieser nivellirungs- und latinisirungssucht Conradi's ist die grammatik von Carisch[3]), die mir leider erst nach ziemlich vorgeschrittener arbeit zuging, aber besonders über die sehr verwickelte orthographie wünschenswerthe klarheit verschafft; ausserdem nicht nur den oberländischen dialekt wie Conradi behandelt, sondern auch die engadiner dialekte in den bereich der untersuchung zieht. Leider ist eine genaue scheidung der dialecte nicht durchgeführt und muss man desshalb

---

[1]) Praktisch deutsch-romanische grammatik, die erste dieser alträthischen und im Graubünden meist noch üblichen romanischen sprache. Zürich 1820.

[2]) Als beweis dafür dienen nur 2 beispiele, p. 40 in der anmerkung steht: „Man schreibt und spricht sonst ludont (Im paradigma „gibt er für das part. pr. die form lndant), und alle zeitwörter, die „im infinitiv in ar ausgehen im part. praes. mit ont; aber eigentlich „unrecht, denn der infinitivus endigt sich auch in ar und so sollten „alle zeitwörter von der ersten conjugation geschrieben und gesprochen „werden." Im romanischen theil seines wörterbuchs p. 208 findet sich bei sir m. der schwiegervater (σοφὸς) in klammern: „(Englisch)."

[3]) Grammatische formenlehre der deutschen und rhätoromanischen sprache nebst einer beilage über die rhätoromanische grammatik im besondern und einigen proben aus der ältesten rhätoromanischen prosa und poesie von Otto Carisch Chur 1852.

schon eine nähere kenntniss derselben haben um das werk
mit nutzen gebrauchen zu können. Was aber die dar-
stellung der lautveränderungen betrifft, die der verfasser
p. 117 f. seines anhanges gibt, so ist sie doch zu allge-
mein und ungenau und nicht viel besser, als das, was
A. Fuchs⁴), auf dessen forschungen Carisch basirt, dar-
über zusammengestellt hat. Verdienstlich ist aber nament-
lich die zusammenstellung der romanischen ableitungen.

Die eben erwähnte arbeit des später so verdienten
romanisten Fuchs ist mir glücklicherweise erst vor kurzem
zu gesicht gekommen. Sie ist fast ganz unzuverlässig
und desshalb auch nach einmaliger lesung von mir un-
beachtet gelassen.

Von sonstigen abhandlungen verdient noch erwähnt
zu werden die des prof. Pirmin Rufinatscha⁵), welche
in zwei beispielsammlungen die art der mischung des
lateinischen und deutschen elementes zu verdeutlichen
sucht. Orthographisch zuverlässige formen, die aber
wohl dialektische Färbung tragen⁶), sind ein vorzug des
schriftchens, während es in etymologischer hinsicht, wie
schon dr. Steub an ihm tadelt, nicht durchaus zuver-
lässig ist. Ferner dr. Steub's ethnologische forschun-
gen⁷). Die darin gegebenen etymologien lateinischer
wörter sind meist richtig. Das verzeichniss altrhätischer
oder etruskischer wörter hingegen bezeichnet er selbst
als ein plenum opus aleae; wie denn auch Diez gram. I.
p. 132 für einige von ihm als rhätisch bezeichnete worte
die lateinische herkunft nachweist. Bei einigen andern
wird es in folgender untersuchung geschehen. Ueber-

---

⁴) Ueber die sogenannten unregelmässigen zeitwörter in den ro-
manischen sprachen nebst andeutungen über die wichtigsten romanischen
mundarten Berlin 1840.
⁵) Ueber ursprung und wesen der romaunischen sprache. Pro-
gramm d. k. k. gymnasiums zu Meran. Innsbruck 1858.
⁶) Andere lsst den verfasser aus dem Münsterthale stammen.
⁷) Zur rhätischen ethnologie Stuttgart 1854.

haupt aber erscheint es misslich alles zur zeit noch dunkle in den etymologisch noch lange nicht hinreichend durchforschten dialekten ohne weiteres für etruskisch auszugeben, da man es mit dieser sprache ebenso bequem hat wie mit der celtischen vor dem erscheinen der grammatik von Zeuss, nämlich soviel wie nichts sicheres von ihr weiss. Das ist auch offenbar die ansicht von Diez, wenn er die ausscheidung der lateinischen und deutschen bestandtheile, um dem rhätischen kern möglichst nahe zu kommen, für eine dankenswerthe arbeit erklärt.

Ungenannt darf schliesslich auch nicht die apologetische arbeit von P. J. Andeer[8]) bleiben, welche zwar, abgesehen von den schätzenswerthen literaturproben, wenig neues für den gerade vorliegenden Stoff bietet.

Die von Bühler verfasste grammatik[9]) ist mir zwar bekannt, musste aber unbenutzt bleiben, da ihr in der einleitung ausgesprochener zweck die schöpfung einer romanischen schriftsprache auf eclectischem wege anzubahnen, wenig mit unserem, gerade auf möglichst getreue wiedergabe des dialektischen sprachstoffes zielenden zwecke übereinstimmt. Damit soll jedoch keineswegs eine missachtung des löblichen, patriotischen strebens, welches den geschickten übersetzer „Wilhelm Tells"[10]) beseelt, ausgesprochen werden.

Wir kommen jetzt zu den bearbeitungen der tyroler dialekte. Es sind deren drei, welche ich durch die güte des herrn prof. dr. J. Ch. Mitterrutzner zu Brixen benutzen konnte, der mir ausserdem brieflich einige zweifel bereitwilligst aufklärte und auch sonst nicht unwichtige mit-

---

[8]) Ueber ursprung und geschichte der rhäto-romanischen sprache Chur 1862.

[9]) Grammatica Elementara dil Lungatg Rhäto-Romonsch scritta da J. A. Bühler Cuera 1864.

[10]) Guglielm Tell drama en 5 acts da Friderio Schiller vertius e publicaus en Lungatg Rhäto-Romonsch da J. A. Bühler Cuera 1865.

theilungen machte. Für diese freundliche unterstützung zolle ich ihm hiermit meinen wärmsten dank.

Die erste arbeit rührt von dem erwähnten gelehrten selbst her und sucht mit Rücksicht auf die verwandten romanischen sprachen eine zugleich etymologische und phonetische lautbezeichnung für die 9 von ihm aufgeführten rhätoladinischen dialekte Tyrols aufzustellen [11]). Die deutsche lautbezeichnung, welche die Romanen Graubündens angenommen, wird mit recht verworfen und die lateinischen zeichen durch punkte und striche den gegenwärtigen lauten angepasst. Bei der nur vergleichsweise herbeiziehenden behandlung, die diesen dialekten hier widerfuhr, musste freilich um nicht mit verschiedenen orthographischen systemen zu verwirren, von dieser für wissenschaftliche zwecke trefflichen orthographie abstand genommen werden.

Das zweite etwas umfangreichere buch behandelt einen einzelnen dialekt, den von Gröden [12]). In der lautbezeichnung basirt es so ziemlich auf Mitterrutzners system, weicht aber aus praktischen gründen öfters von diesem nicht gerade glücklich ab. Mit grossem fleiss und anspruchslosigkeit ausgearbeitet, durchweht das werk besonders in der topographisch-ethnologischen einleitung eine liebenswürdige patriotische hingebung Die zahlreichen wortsammlungen bieten, obwohl sie des gelehrten apparates entbehren, sehr werthvolle fundgruben für gelehrte Forschungen.

---

[11]) Die rhätoladinischen dialekte in Tyrol und ihre lautbezeichnung von dr. J. Ch. Mitterrutzner programm des k. k. gymnasiums in Brixen 1856. Zwei vorarbeiten hierzu erwähnt Mitterrutzner p. 11. 1) „Versuch einer parallele der ladinischen mundarten in Enneberg und Gröden in Tyrol, dann im Engadin und der romaunschen in Graubünden. Von J. Th. Haller". (In der ferdinandeischen „zeitschrift für Tyrol und Vorarlberg" Innsbruck VII B.) 2) Versuch einer deutsch-ladinischen sprachlehre von N. Bacher. Manuscript.

[12]) Gröden der Grödner und seine sprache, von einem einheimischen Bozen 1864.

Das dritte werk endlich ist ein italiänisch geschriebenes vom prof. Christian Schneller [13]). Der verfasser behandelt darin den dialekt von Rovereto und Trentino in ähnlicher weise, wie es hier mit den Bündner dialekten geschehen soll, nur dass er die veränderungen der laute nicht auf das latein, sondern auf das italienische zurückführt, und eingehender nur die schicksale der consonanten verfolgt. Was er über vokalveränderungen zusammengestellt hat, ist wenig geordnet, denn es fehlt jede scheidung sowohl zwischen langem, kurzem und in der position stehendem vokal, als auch zwischen betonter und unbetonter silbe. Die wortsammlung ist auch hier reichlich, bietet aber gegen die übrigen dialekte auf dem gebiet der vokale wenig eigenthümliches, da sich die formen schon allzusehr dem italiänischen nähern. Viel trägt dazu auch sicher die rein italiänische lautbezeichnung bei. Die schwierigeren etymologien sind häufig sehr gewagt. Uebrigens verdient die abhandlung eine genauere durchforschung und benutzung, als gegenwärtig möglich und rathsam war. Der verfasser (laut einer mittheilung des prof. Mitterrutzner) ist mit einem grössern werke über die tyroler dialekte beschäftigt.

Was nun die weiteren quellen betrifft, aus denen ich meine beispiele zusammengetragen habe, so ist vor allen der wörterbücher zu gedenken. Es gibt deren überhaupt nur zwei. Das erste ist von dem schon genannten Mathli Conradi verfasst, welcher sein so verdienstvolles buch leider durch eine ausgesprochene vorliebe für lateinische und latinisirte formen sowie durch eine schwankende orthographie arg entwerthet hat [14]).

---

[13]) Studi sopra i dialetti volgari del Tirolo italiano. XIV Programma dell imp. regio ginnasio di Rovereto. Rovereto 1865.

[14]) „Taschenwörterbuch der romanisch-deutschen und deutschromanischen sprache, Zürich 1828 u. 1828." Es kommt oft vor, dass man erst am dritten ort meist im deutschen theil die richtigromanische Form findet.

Ich habe desshalb meine ursprünglich auf ihn basirte beispielsammlung so weit wie möglich in der form, wie sie Carisch's wörterbuch bietet, der folgenden abhandlung zu grunde gelegt. Gleichwohl behauptet Conradis wörterbuch wegen mancher in ihm allein befindlichen echtromanischen ausdrücke, so wie wegen der übersichtlicheren anordnung des stoffes neben dem von Carisch seinen werth.

Die nicht gering anzuschlagenden vorzüge des Carisch'schen werkes [15]) bestehen in guter orthographie und zuverlässigen formen, so wie in der berücksichtigung der engadinerdialekte und (besonders im anhang, welcher die engadinerdialekte voranstellt) den zahlreich eingereihten ausdrücken der ältesten zeit, welche jetzt ausser gebrauch gekommen sind. Doch hat das buch durch die etymologische (häufig nicht einmal richtig durchgeführte) anordnung viel an seiner brauchbarkeit verloren. Worte ganz verschiedener abstammung finden sich der gleichen bedeutung halber zusammengestellt und etymologisch zusammengehörige nicht unhäufig auseinandergerissen. Die hie und da beigefügten italiänischen worte sind keineswegs immer richtig etymologische analoga. Auch hätten die dialekte häufig schärfer gesondert werden sollen. Wer aber dem verfasser dieser mängel halber die dankbarkeit für die mit grossem fleiss zusammengestellte arbeit versagen

---

[15]) Taschenwörterbuch der rhätoromanischen sprache in Graubünden besonders der oberländer- und engadinerdialecte nach dem oberländer zusammengestellt und etymologisch geordnet von O. Carisch, prof., Chur 1848." Zunächst mit zwei kleinen nachträgen, die später vereinigt und bereichert 1852 als anhang erschienen. Das werk ist leider im buchhandel vergriffen und nur durch die güte der herrn professoren Diez und Delius, welche mir ihre exemplare zur verfügung stellten, konnte ich es für meine arbeit benutzen. Uebrigens ist ein drittes wörterbuch als demnächst erscheinend angekündigt. Der verfasser Zachar. Palioppi beabsichtigt darin eine vergleichung mit dem spanischen, französischen und italienischen.

wollte, verstände wenig die mühsamkeit dialektischer studien zu schätzen.

Neben den wörterbüchern habe ich, besonders der controle halber, was mir von der literatur zur hand war, nachgelesen und meist ausgezogen. Besonders wichtig erschienen mir in dieser hinsicht die literaturproben, welche sich in der grammatik von Carisch und dem buch von Andeer aus den ältesten sprachdenkmalen ausgehoben finden, fernerhin die beiden von A. v. Flugi jüngst sorgsam edirten historischen gedichte in oberengadinischer mundart, auf die wir sogleich zu sprechen kommen werden. Ausserdem erwähne ich noch folgende bücher, welche ich benutzte:

1) Oberländisch: La S. Bibla dilg veder testament Coira 1818. Ilg nief testament Cuera 1820. Igl Collectur Christianeivel Heft I: Igl Nursêr sin la Planira da Salisbury, wertieus or d'igl tudesc en la Rumonsch da la part sura tras Florian Walther Cuera 1836.

Catechissem da la Religiun Christiauna da Franz Valther Cuera 1836.

2) Unterengadinisch: Il nouf testament da nos segner Jesu Christo tradüt in Rumansch d'Engadina bassa Basel 1812.

Für das oberengadinische gegenwärtiger zeit, sowie für die von Carisch gram. p. 123 ff. beschriebene katholische orthographie fehlten mir leider ausgedehntere schriften. Ebenso war ich für die tyroler dialekte auf die oben angeführten grammatischen werke beschränkt.

# Kurze sprach- und literar-historische einleitung.

Ehe wir zur eigentlichen darstellung der vokalveränderungen schreiten, möchte es angemessen erscheinen, in aller kürze das nöthigste aus der geschichte der dialekte und ihrer literatur aus den dahin einschlagenden werken zusammenzutragen.

Sämmtliche dialekte, welche A. Fuchs [1]) treffend die mittelromanischen (d. h. west- und ostromanisch-vermittelnde) nennt, werden gegenwärtig von den bündner gelehrten mit dem zusammenfassenden namen „die rhätoromanische sprache" bezeichnet und sobald man darunter nicht eine aus rhätischen und romanischen bestandtheilen zusammengesetzte sprache, sondern eine romanische innerhalb der gränzen des ehemaligen Rhätien gesprochene sprache versteht, lässt sich die bezeichnung wohl annehmen. Unsere deutschen vorfahren bezeichneten sie schon seit ältester zeit als Churewala Graff I. 839, und noch jetzt heisst sie sowohl in der Schweiz wie in Tyrol die kauder- oder krautwälsche. Prof. Diez hält desswegen churwälsch für die passendste, weil begränztere und anspruchslosere, bezeichnung. Freilich passt diese bezeichnung weder auf das jetzige sprachgebiet, da Chur selbst schon im 13. jahrhundert germanisirt wurde, noch auch auf das alte, weit umfangreichere, welches ausser dem canton Graubünden auch ganz Voralberg und Tyrol umfasste, ein gebiet, das gegenwärtig von 550,000 menschen bewohnt wird, von denen freilich nur 50,000 ihrer muttersprache treu geblieben sind: 40,000 in Graubün-

---

[1]) Die romanischen sprachen in ihrem verhältniss zum lateinischen. Halle 1849.

den und 10,000 in Tyrol. Solche fortschritte hat in dieser römischen provinz das deutsche seit der völkerwanderung gemacht; denn vor dieser war in ganz Rhätien nach unterdrückung der urbevölkerung (mag sie nun etruskisch oder celtisch gewesen sein), die lateinische volkssprache ebenso wie in den anderen römischen landestheilen die herrschende. Es wird desshalb begreiflich erscheinen, dass die rhätoromanische sprache rings umgeben und vielfach durchbrochen, durch die deutsche an diese nicht nur so beträchtliches terrain verloren und noch immer verliert, sondern auch in ihrem bau, besonders im lexikon in weit höherem grade deutschen einfluss aufweist als selbst das französische. Gleichwohl ist flexion und wortbildung fast ganz romanisch und ist die sprache in ihrem bau bei weitem nicht so verwildert als das walachische. Die meisten deutschen fremdlinge hat bis in die neueste zeit das oberländische aufgenommen, während das Engadin seiner geographischen lage gemäss mehr italischen einfluss zeigt [2]). Durch die politische und räumliche zerrissenheit, welche die sprache erlitt, erklärt sich auch am besten die grosse dialektische verschiedenheit, die in ihr herrscht. Durch die annahme zweier verschiedener einwanderungen, die ausserdem sehr grosse historische bedenken gegen sich hat, lässt sie sich schwerlich erklären, denn alles deutet darauf hin, dass sich die dialekte einst viel näher gestanden haben als jetzt. Der mangel einer schriftsprache sowohl in ältester wie neuester zeit (wo man freilich ernste anfänge damit zu machen scheint) konnte auf die entfaltung der dialekte nur günstig wirken. So lassen sich denn in Graubünden 3 hauptdialekte, abgesehen von den noch viel weitergehenden spaltungen der einzelthäler, aufstellen und ziemlich genau scheiden. Es sind: 1) der

---

[2]) Prof. Rufinatscha gibt das verhältniss von lateinischen, deutschen und der ursprache angehörigen wörtern an wie 75 : 15 : 10. Für die tyroler dialekte ist es nach Mitterrutzner wie 80 : 10 : 10.

oberländische im Rheinthal oberhalb Chur mit einschluss der seitenthäler. Doch drängen sich hier schon vielfach deutsche orte dazwischen: 2) der ober- und 3) der unterengadinische dialekt. Von den quellen des Inn bis zu seinem eintritt in Tyrol, (eine strecke von etwa 20 stunden mit kaum 10,000 einwohnern). Hierzu kommt noch das rauhe Münsterthal.

Der oberländische dialekt wird gewöhnlich von der bevölkerung selbst schlechthin la Ramontsch und im gegensatz zu dem engadinischen (da quist' aus) der disseitsbergische (da tschell' aus) genannt. Er selbst zerfällt wieder in die beiden nahestehenden dialekte: den supra- und subsylvanischen. Einen sprachlichen unterschied, (wenn nicht ein solcher in den beiden schon erwähnten schreibarten: der katholischen mehr phonetischen und der reformirten zu suchen ist), habe ich nirgends aufgefunden.

Die engadinischen Dialekte [3]) werden auch in ihrer heimath gemeinsam das Ladin genannt, stehen aber in ihrem bau bedeutend voneinander ab. Die vermittlung zwischen ihnen und dem Ramontsch bilden topographisch wie sprachlich die „Oberhalbsteiner."

Die gegenwärtig von den bündnerdialekten räumlich und sprachlich sehr abstehenden tyroler dialekte fasst Mitterrutzner unter dem gemeinsamen namen „rhätoladinische dialekte in Tyrol" zusammen und führt von 9 mehr oder weniger verschiedenen derselben kurze sprachproben an. Es sind:

1) der badiotisch-abteiische;
2) der ennebergische. [4]) Beide stehen sich sehr nahe und

---

[3]) So genannt nach der landschaft Ingiadina (= vallis Eniatina in einer schenkungsurkunde des 10. Jhdts. cf. Andeer p. 14). Ich halte das wort für eine weiterbildung von Oeniata adjectiv zu Oenus, während Andeer auf die sonderbare etymologie: In capite Oeni verfällt. Andere halten das Wort für etruskisch oder keltisch.

[4]) Enneberg und Abtei lauten in ihrer sprache Maréo (lat. Marubium) und Badia (lat. Abbatia) (Mitterrutzner).

bilden (nach brieflicher Mittheilung von Prof. Mitterrutzner) die mitte des sprachgebietes, sie nennen sich selbst „Ladiner" (ladigns) und wollen auch von andern so genannt werden;
3) der sulzbergische (Solandro);
4) der bergamaskische;
5) der parmesanische, welcher mit der trübung des a noch weiter zu gehen scheint, als das oberengadinische;
6) der grödnerische im südosten in einem abgelegenen seitenthal der Eisak, zu dem bis 1856 nicht einmal eine fahrstrasse führte, und dessen ganze bevölkerung 3,500 seelen zählt;
7) der ampezzanische im osten;
8) der buchensteinsche (Fodóm) und
9) der nonsbergische (Nones).

Werfen wir jetzt noch einen kurzen blick auf die älteste literatur, so beginnt diese erst kurz vor der reformation. „Bis in den anfang des 16. jahrhunderts lebte die sprache nur im volksmunde. Volksgesang, volksthümliche spruchdichtung etc. waren natürlich vorhanden. So finden sich schon bei Champell einzelne spruchreime über wind und wetter, volksunruhen, bruchstücke von kriegsliedern aus dem sogenannten hennenkrieg 1475," die aber erst beinahe 100 jahre später aus dem volksmunde aufgezeichnet, viel von ihrer ursprünglichen gestalt verloren haben. Bei Andeer finden sich zwei kurze proben davon. Der erste, welcher es wagte, die volksmundart literarisch zu verwenden, war Johann v. Travers, geb. 1483, auch sonst um sein vaterland hoch verdient, welcher 1523 den soeben von ihm durchlebten müsserkrieg in 704 unregelmässigen und unbeholfenen versen beschrieb: das gedicht führt die überschrift „la chanzun dalla guerra dalg Chiasté d'Müsch" und ist zuerst von Alfons v. Flugi, dessen literarischer einleitung wir nächst Andeer gegenwärtige skizze entnehmen, sorgsam edirt und möglichst wortgetreu übersetzt.[5]) Ausser diesem gedicht hat Travers auch dramen geschrieben, die aber verschollen sind, wie auch alle übrigen von denen, welche, wie Durich Champell im unterengadin, seinem beispiele folgten. Unter den überlieferten titeln finden sich neben biblischen stoffen auch schon patriotische, wie Wilhelm Tell und sogar aus der gegenwart gegriffene, so dass sich bei günstigen verhältnissen eine eigenthümliche dramatische literatur hätte entwickeln können. Doch in den theologischen und politischen wirren, die jetzt folgten, erstickte die weltliche poesie im keime. Statt ihrer erstarkte aber unter dem einflusse der reformation die prosa und geistliche dichtung. Die reformatoren liessen es sich wie in deutschland auch hier angelegen sein, die muttersprache zu pflegen; voran der unermüdliche Saluz, der 1536 die 10 gebote und einige capitel der genesis ins unterengadinische übertrug, auch die ersten geistlichen lieder dichtete. Sein rüstiger nachfolger war Durich Champell, dessen psalmenübersetzung noch jetzt geschätzt wird.[6]) In oberengadinischer mundart übersetzte Jacham Bifrun von Samaden zum ersten mal das neue testament und liess es als das erste in seiner sprache 1560 auf seine kosten drucken.[7]) Im oberlande, wo die reformation auf härteren widerstand stiess, erwachte die literarische beschäftigung erst im 17. jahrhundert. Das erste gedruckte buch ist der katechismus von Daniel Bonifazi 1601. Ein geistvoller liederdichter ist St. Gabriel, dessen stadera da pasar, quala seig la vera cardienscha; anza-

---

[5]) Zwei historische gedichte in ladinischer sprache aus dem 16. und 17. jhdt. herausgegeben von A. v. Flugi. Chur 1865. Die sprache gehört der oberengadinischen mundart an, doch ist, wie der herausgeber bemerkt, die alte schreibart etwas verwischt, denn die handschrift datirt erst vom jahre 1639. Wir dürfen desshalb diesem gedicht in sprachlicher hinsicht nicht den ersten platz anweisen.

[6]) Psalterium, ün cudisch da psalms con ün intraguidamaint nella religiun christianna. Basel 1562.

[7]) Lg nouf testamaint miss in aromantsch, Puschlav 1560.

quonts Psalms da David a canzuns spiritualas, sowie sein katechismus lobend erwähnt werden. Die erste oberländische bibel erschien 1648. Ins unterengadinische übertrug Pitschen Saluz 1657 das 1. und 2. buch Mosis, wovon die interessante vorrede unter den proben bei Carisch steht. Für die weitere entwicklung der literatur sowie für die titel anderer altromanischer bücher verweise ich auf Andeers kurzen übersichtlichen abriss, sowie auf sein an 200 nummern enthaltendes bücherverzeichniss. Ich erwähne hier nur noch das zweite der historischen gedichte, welche A. v. Flugi herausgegeben und übersetzt hat, das gedicht vom veltlinerkrieg von Gioerin Wietzel, der wahrscheinlich anfang des 17. jahrhunderts geboren ist. Sein geburtsort wie der von Travers ist Zutz. Von Travers angeregt, verfasste er nach 1635 sein 1106 etwas sorgfältigere verse (vierfüssige gereimte jamben) umfassendes gedicht[8]). Hinter den zwei historischen gedichten findet sich noch das bruchstück eines dritten mehr volksmässig und strophisch abgefassten gedichtes ebenfalls über den veltlinerkrieg, kurz nach welchem es in unterengadinischer mundart abgefasst ist.

Wenn schon für die bündnerdialekte die literarischen denkmale spärlich fliessen, so ist dies um so mehr in den tyroler dialekten der fall. Mitterrutzner erwähnt in seiner Schrift eines einzigen buches, welches im grödner dialekt geschrieben sei; es ist eine übersetzung des italienischen buches: le stazioni o la via della s. Croce etc. unter dem titel „La stacions o la via della s. crousch, che canteng de bella cunschiderazions e urazions. Metudes dal Talian tel Parlé de Gördeina. Bulsan, stampà

---

[9]) Die handschrift enthält folgende bemerkung: „Copia vom original, von herrn landammann Gloerin Wietzel verfertigt und von herrn prof. Planta mit grosser mühe abgeschrieben, da das original mit fast ohnleslicher tinte geschrieben war." Die sprache ist oberengadinisch und steht orthographisch der des nusserkrieges ziemlich nach, doch ist sie reiner von deutschen ausdrücken.

pra Carl Weiss (ohne jahrzahl). In der grammatik des Grödner dialektes p. 200 heisst es: „Dem Grödner mangelt es nicht an witz und phantasie; aber da seine muttersprache unkultivirt blieb, so konnte er sich in der poesie nicht üben, und noch weniger wegen mangels an einer leseart etwas niederschreiben. Der einzige herr Mattheo Ploner, gewesener pfarrorganist in Kastelruth und Brixen, welcher für den sammler für geschichte und statistik von Tyrol einige wörter und anekdoten in seiner muttersprache niederschrieb, versuchte zwei lieder: la vödla mutta und 'l vödl mut. Das erste geben wir hier mit einer kleinen modification nach der angenommenen schreibart wieder."

Ziemlich zahlreiche proben grödnerischer prosa finden sich ebendaselbst p. 191—200. Der kleineren proben, welche Mitterrutzner aus den verschiedenen tyroler dialekten gibt, gedachten wir schon oben; hier noch die nachricht, dass sich auch 6 kleinere gedichte im abteier dialekt darunter befinden.

## Gestaltung der lateinischen vocale in betonter romanischer silbe.

Vorbemerkungen über die hier befolgte anordnung des stoffes erscheinen unnöthig, da alles in der romanischen grammatik gesagte auch für gegenwärtige darstellung gilt. Nur in der alphabetischen anordnung der beispiele habe ich mir die kleine änderung erlaubt, dass ich, um die kleineren dialektischen abweichungen genauer verfolgen und gleichzeitig die hauptsächlichsten consonantenveränderungen anschaulich machen zu können, sie soviel als thunlich nach dem folgenden consonanten zusammenstellte.

Folgender abkürzungen habe ich mich bedient. 1 = oberländisch; 2 = unter- und 3 = oberengad.; gr. = grödnerisch; b. = bündnerisch = 1 + 2 + 3; e. = engadinisch = 2 + 3; Car. Conr. = wörterbuch von Carisch, Conradi; it. sp. pg. pr. fr. wal = italiänisch, spanisch, portugiesisch, provenzalisch, französisch, walachisch; e. w. = etymologisches wörterbuch der romanischen sprachen von Friedr. Diez, 2. aufl., Bonn 1861—62.

### A.

Langes lateinisches a erfuhr, wie in allen romanischen sprachen, so auch hier die gleiche behandlung wie kurzes.

I. Lateinisches a vor allen consonanten mit ausnahme der nasalen m und n und l, wenn ihm ein sibilant, dental oder guttural folgt. a) Es bleibt rein in allen dialekten vor mehrfacher consonanz. (Ausnahmen kennt nur das grödnerische und oberengadinische.)

1) Vor lateinischer mehrfacher consonanz. α) Liquidae und s: ball b. gr. (ahd balla fr. bal), cavaigl 1. chavaigl e. tgiàvall pl.—vēi gr. (caballus fr. cheval), giall 2. giall pl. giëi gr. (gallus), vall e. (vallis), alf b. (albus fr. l'aube e. w. I. 42), salv b. (salvus fr. sauve pr. saus), talpa (talpa it. sp. topo. fr. taupe), palma (palma fr. paume), scalpel (Conr.) scalper (Car.) 1. schialper, schiarpel 2. schiarpel 3. (scalprum sp. escoplo pg. escopro afr. escalpre e. w. II. b. 125), so auch: palpar 1. 2. palpār 3. (palpare sp. popar fr. palper), palpeders, palpebers (Conr. fehlt bei Car.) (palpebras fr. paupiere sp. parpado e. w. II b 159), almosna (eleemosyna pr. almosna fr. aumône), albierg (heriberga ahd. fr. auberge), carr 1. charr e. (carrus fr. char), art b. (artem fr. art), part (partem fr. part), quart (quartus), tard (tardus), Mars (Martem), — ard: bastard, avriard (von ebrius), carn 1. charn e. (caro, carnis fr. chair), barba (fr. barbe), larg, lartg b. (largus fr. large), bass 1. 2. (bassus fr. bas), grass b. (crassus fr. gras), asta b. (hasta fr. astelle), pass b. (passus fr. pas). pascas, paschias 1. pasqua e. (pascha fr. pâques), lasch, relasch (fr. lache, vom lat. lascus für laxus).

β) Mutae: batter gr. b. (battuo fr. battre), quatter b. gr. (quatuor fr. quatre), lader f. ladra 1. 2. (latro pr. laire fr. larron), cumpar (patrem fr. père), frar (fratrem fr. frère), caura 1. chavra 2. (capra fr. chèvre), catscha 1. chatscha e. tgiatscha gr.[1]) (captia in einer urkunde von 1162. fr. chasse), sacc 1. sach e. gr (saccus fr. sac), vacca 1. vacha e. gr. (vacca fr. vache) larma b. (lacrima fr. larme), faig 1. fatt e. gr. (factum sp. hecho pr. fait, fag, fach, ital. mundartl fagio) laig 1. latt e. gr. (lactem fr. lait, it. latte, mailänd. lacc (palat.) sp.

---

[1]) Schneller in seinem progr. leidet es noch p. 18 von „celt. bissa? ahd hissan, ahd hetzen, dialekt. die hatz" her. cf. e. w. I. p. 97 f.

lecho, kymrisch laith) paig, patg 1. pach e.[2]) (pactum
it patto sp. pecho), ampaig 1. impach e. (impactum von
impingere it. impaccio, pr. empach, empaig fr. empêcher
cf. e. w. I. 300), adaig 1. = sorgfalt, adachier 3. im müskr.
171. 326 = gefallen, vb. adatêr müskr. 546 = bewerk-
stelligen (von adactare aus adigere[3]). Bei Car. findet
sich nur die oberländische form.) traig 1. tratt (tractus
sp. trecho, fr. trait, kymr. traeth) pertraich 1. (pertracto)
inf. per trachiar = denken Conr. (fehlt bei Car.), braig (Conr.)
bragia (Car.) 1. inf. bargir 1. bragir 2. sbragir 3. (fr.
braire [4]) sbst. brait pr. braidar).

2) In romanischer position, wozu auch
alle fälle mit palatalem i zu zählen sind:

blasmar b. (fr. blâmer), carga 1. charga e. (carica
fr. charge), macla b. matgia gr. (macula), spadla 1. 2.
(spatula fr. épaule), tavla 1. tabla 2. (tabula), favlar 1.
2. favlär 3. (fabulare), avdar 1. 2. (habitare), battaigl

---

[2]) „I dient, wie im italiänischen nach gl u. gn, und im franzö-
sischen vor l (soleil, travail) in der rhätoromanischen sprache als
blosses quetschzeichen vor gl, gn, ch und g. In alten büchern wird
das l durchgängig als quetschzeichen dem ch beigefügt, heut zu tage
lassen es die Engadiner in der regel nach gl, gn und ch weg. Auf
ganz analoge weise steht aber i auch als zeichen der quetschung des
g vor und nach demselben z. b. spigia, stagia, faig, laig, maig, dulg,
truig, wofür andere tg gebrauchen." Car. gr. p. 107.

[3]) It. adagio, agio, asio fr. aise gemächlichkeit, aggio piemont.
agio (cf. oben fagio = factum) aufgeld mögen vielleicht hierher ge-
hören. Diez e. w. 10 verlangt allerdings ein etymon ais oder asi
dafür.

[4]) Fr. braire etc. soll nach e. w. II. c. p. 288 durch vorsatz
eines malerischen b. aus raire = schreien (vom h.irsch) entstanden
sein, raire selbst nach II. c. 393 aus ragire, einem naturausdruck
(nach mugire, rugire, vagire gebildet). Rufin. führt dagegen ein ahd.
brahtan (= garrire, fremere, strepere Graff. ahd. sprach. III. 269.
goth. brakja streit gehört wohl auch hierher) als etymon an, aus wel-
chem dann mit abfall des anlautes raire entstanden wäre.

klöpfel (battuale it. bataglio), battaglia (battualia fr. bataille), paglia (palea pr. palha fr. paille), gaigl giaigl 1. jaigl 2. = bunt (it. gajo fr. gai?)⁵) saigl = sprung 1. 2. (v. salire fr. saillir), grazia b. (fr. grace), plaza 1. plazza e. gr. (platea fr. place), spazzi b. (spatium fr. éspace), mazza 1. 2. maz 3. (matea), cazza 1. chaz e. tgiazza gr. (ahd. kati it. cazza', rabia 1. gr. rabgia e. (rabies fr. rage), sabi 1. fehlt e. sabbia = kokette gr. (sapius fr. sage), bratsch b. gr. (brachium fr. bras), glatsch b. (glacies fr. glace), latsch b. (laqueus fr. lace), bisacca 1. bisacha e. (\*bisacoium it. bisacca fr. besace).

b) Auch vor einfacher consonanz bleibt a rein, doch nur im oberländischen und unterengadinischen.

1) Liquidae und s: gual, angual 1. adv. (aequalis fr. égal', mal 1. 2. (fr. mal), pala 1. 2. (pala fr. pelle), qual 1. 2. (qualis), sal 1. 2. (sal fr. sel), scala 1. schiala 2. (scala fr. echelle), tal 1. 2. (talis), canal 1. chanal 2. (fr. canal), bestial, legal, mortal (fr. mortel), salisch 1. salsch 2. (salicem), cálisch 1. calasch 2. (calicem fr. calice), car. 1. char 2. (carus fr. cher), clar 1. 2. (clarus fr. claire), mar 1. 2. (mar fr. mer), rar 1. 2. (rarus fr. rare), popular 1. poplar 2. (popularis fr. populaire), regular 1. 2. (regularis fr. regulaire), scular 1. scolar 2. (scholaris cf fr. écolier), avar 2. (fr. avare), cuntrari, contrari 1. 2. (contrarius fr. contraire), glimari (alimare für animal), die infinitive auf are: cantar 1. chantar 2. (fr. chanter), asen 1. 2. (asinus fr. âne), casa 1. chasa 2. (fr. chez), nas 1. 2. (nasis fr. nez), rascha (rasis cf. it, ragia e. w. II. a. fr. rache II. c.), tras 1. 2. (trans fr. très).

---

⁵) Im e. w. I. p. 197 werden diese worte von ahd. gàhi hergeleitet und von gagliardo, gaillard getrennt, welches gagliard 1. glagliard e. lautet. Beide worte möchten demnach etymologisch doch vereinbar sein? Man vergleiche dazu gr. ghèrd fassanerisch. gaiàrt. = stark.

2) **Mutae**: biadi 1. abiadi 2. (aviaticus), viadi 1. 2. (viaticum fr. voyage), salvadi (silvaticus fr. sauvage), lad 1, 2. (latus adj.) spada (σπαθη it. spada fr. épée), gada 1. giada 2. (von vice. pr. vegada), strada 1. 2. (strata afr. estrée) und so das fem. sämmtlicher particip. auf -atus: cantada 1. chantada 2. (das masc. lautet au 1. à 2.: cantau 1. chantà 2.) die substantiva auf -as-atis: stad 1. 2. (aestatem fr. été), vardad 1. 2. (veritatem fr. verité), clav. 1. 2. (clavis fr. clef), fav 1. 2. m. (faba fr. féve), nav. 1. 2. (navis fr. nev), rava 1. 2. (rapa fr. rave), trav 1. 2. (trabes fr. vrlt. tref), asch 1. 2. (acer fr. aigre), lag 1.. (lacus fr. lac), mager 1. majer 2. (macer fr. maigre dtsch. mager), plaga 1. plaja plaia 2. (fr. plaie), Maig 1 Mai 2. (Majus fr. Mai), bragia 1. braja 2. (braca fr. braies), ava 1. aua 2 (aqua fr. eau).

c) Im oberengadinischen und grödnerischen schwächt sich a zu ä u. è.

1) **Durchgängig vor einfaher consonanz**[*]): èla gr. (fr. aile), mäl 3. mèl gr. (fr. mal), päla 3. (fr. pelle), quäl 3. (qualis), säl 3. sèl gr. (fr. sel), schäla 3. schèlla gr. (fr. échelle), täl 3. tèl gr. (fr. tel), chanäl 3. mortäl 3. chèlesch gr. (fr. calice), chär 3. tgèr gr. (fr. cher), clär 3. (fr. claire), mär 3. mèr gr. (fr. mer), rär 3.r èr gr. (fr. rare), poplär, regulär alimäri 3. chantär 3. tgiantè gr. (fr. chanter), äsan 3. (fr. âne), chäsa 3. tgësa gr. (fr. ches), näs 3. nès gr. (fr. nez), räscha 3. rèscha gr. (fr. rache), träs 3. très gr. (fr. très), abiädi 3. viädi 3. sulvädi 3. läd 3. späda 3. spéda gr. (fr. épée), gäda 3. jédë

---

[*]) Auch im münsterthale trat diese schwächung ein Carisch führt passer, porter an (gr. p. 105.) Ebenso lautet nach ikm (p. 109 seiner gram.) in einigen oberländisch. dialekt. der inf. är, wenn unmittelbar vorher ein i steht: spichjär, sligiär, patarchiär. Von den tyroler dialekten scheinen der badiotisch-abteiische, der enneberger, buchensteiner und in noch ausgedehnterem masse der parmesanische die trübung des grödner dialektes zu theilen, die andern aber a rein zu erhalten.

gr. (gada 1. 2.), sträda 3. strèda gr., chantäda 3. tgiantèda gr., (masc. chantô 3. tgiantà gr.) städ 3. vardäd 3. grödnerisch bleibt mit abfall des „d" „a" rein: 'gnstè, ĕurità (pl. aber gnstèes, ĕuritèes), èva gr. (apis), cläv 3. tlè gr. (clef), fèver gr. (fr. orfèvre), fäv 3. (fr. fève), näv 3. (fr. nef), räva 3. rèf gr. (fr. rave), träv (fr. vrlt. tref), ᵗgè gr. (fr. chef), äsch 3. (fr. aigre), leich 3. lech gr. (fr. lac), brea gr. (fr. braies), pläja, pleia 3. plèa gr. (fr. plaie), mäjer 3 (fr. maigre), Mäg 3. Mèi gr. (Majus), èja (aqua).

2) Vor mehrfacher consonanz. *a*) Im grödner dialekt[7]) vor r mit folgenden consonanten: ert (fr. art), cherta (fr. charte), pert (fr. part), chert sbst. = nhd quart (fr. quart), Mers (fr. Mars), terd (fr. tard), tgern (fr. chair), berba (fr. barbe), lerg (fr. larg), sètl (sarculum), tgeria (carica), ebenso: pelma (palma).

*β*) Im grödnerischen und oberengadinischen öfter vor r und l mit voraufgehendem consonanten: asper f. espra cf. Müskr. 151, 617. läder 3. lère gr. (latro afr. lere), père gr. (fr. père), compär, comär 3. cumpère, cumère gr. frär 3. frà pl. frédes gr. (fr. frère), chävra 3. chĕura gr. (fr chèvre), segra gr. (sacra), spädla 3. schabla gr. (spatula), tävla 3. (fr. table), bäla 3. bĕila gr. (bajula), sägl 3. (v. salire).

d) Nicht hierher zu zählen sind: aissa 1. ässa 3. assa 2. (axis sp. exe it. assetto), baila 1. 2. (bajula it. pr. baila), fraissen 1. (fraxinus), plaid 1. 2. pläd 3. (placitum), är 1. eir e. (ager), und andere in denen auflösung des gutturals statt hatte. Die endung -arius lautet mit versetzung des palatalen i in allen dialecten -er. Wirkliche ausweichungen, welche aber auch das italiänische aufweist, sind: meil 1. mĕil gr. mail e. (malum it. melo). Die endung abilis: migieivel 1. amiaivel e.

---

[7]) Beispiele aus dem abteier-dialekt sind: pärt, märz, bärbesch.

(amicabilis it. -chevole), und grev 1. greiv e. (gravis it greve pr. greu).

II. Wenn dem „a" die consonanten l, m, n folgen, so erhält es einen dumpferen ton.

a) vor l, wenn ihm ein dental, guttural oder sibilant folgt, wird es oberländisch zu au. Im unterengadinischen und grödnerischen hat der gleiche vorgang statt, nur dass zugleich wie im französischen verstummung des l. eintritt. Eine noch weitere veränderung nämlich die zusammenziehung des secundären au zu o mit gleichfalls verstummten l, wie sie besonders der Spanier kennt, weist der oberengadinerdialekt auf.

1) **Oberländisch**: auter mit verstummten l (alter pr. fr. autre), ault, ôlt Car. ât, aut, Ruf (altus fr. haute pr. aut), aulz Conr. aulscha Car. (altio) von alzar aulschar (fr hausser), bauld (goth. balths ahd. bald it. baldo pr. baut afr. altcat. baud), cauld (calidus fr. chaud), faulda (ahd. falt it. sp. falda pr. fauda afr. faude), guault, uault, uaul (ahd. wald)[8]), sault (salto vrb. saltus sbst. pr. sautar fr. sauter), aulscher (algere), caulscha (calzea fr. chausse), faulscha (falcem fr. faux), fauls (falsus fr. faux).

2) **Unterengadinisch und grödnerisch**: auter 2. gr., aut 2. gr., auzar 2, baud 2., chaud 2. tgiaud gr., chautscha 2. tgiauza gr., faudsch 2. fausch gr., fauda 2. falda gr., faus 2. fauz gr., saut 2. guaut, vaut 2.

3) **Oberengadinisch**: ôter (sp. otro port. outro), ot (fr. haute), ôzär (alzar 1. fr. hausser), bôd (pr. baut), chôd (fr. chaud), foda (pr. fauda), gôd (ahd. wald), sôt

---

[8]) Gehört etwa hierher auch gaulta f. = „backen" (öfters in der bibel) „gewalt"? So auch bei Champel dguaut = gewalt (cf. Car. gr. p. 198) abteiisch = 'l gualt (cf. Mitterrutzn. p. 15) (it gota, pr. gauta fr. joue moden. golta cat. galta sp. galtera nach e. w. I. 221 von lat. gabata = essgeschirr.) ahd. gawalt bedeutet nach Graff ahd. sprsch. I. p. 809 manus, cornu. Könnte der Romane es nicht auch als bezeichnung des kinnbackens verwandt haben?

(sp. soto), chôtscha (cf. sp. coz = calcem), fodsch (sp. hoz) fôs (fr. faux).

b) vor m mit oder ohne folgenden consonanten wird a im oberländischen zu o, theilweise geschieht das auch im unterengadinischen, während es sich oberengadinisch und grödnerisch (vielleicht mit dumpfer aussprache) durchweg rein erhält.

1) Oberländisch: clomma (clamo it. chiamo, fr. clain vrlt.), fom (fames fr. faim port. fome), om (hamus fr. ain, grom, gromma (mhd. râm st. f. nhd. rahm mit abfall eines ursprünglichen h, welches sich romanisch zu g erweicht erhalten hat, it. crema, fr. crême gehen auf mlat. crema für cremor zurück, e. w. I. 145), romm (ramus fr. rain vrlt.), flomma (flamma), omisdus, amisdus (ambeduo), commi (von cambiare fr. change sbst.), combra (camera fr. chambre), comp (campus fr. champ), comba (gamba fr. jambe); gomngia\*) = spott, hohn (cal' mnia? fr. calomnie), lomma = reif am rade (lamina, lam'na it. lama fr. lame), loms Ruf. lomm Conr. = weich, lumiar, lommgiar = erweichen, fehlt bei Car. (lama it. sp. pg. dauph. lamma = sumpf cf. e. w. I. p. 243. Ruf. bringt es mit lahm, schwäbisch lumm = matt zusammen). Die endung — amen lautet — om : stromm irom (aeramen fr. airain), ligiom (fr. lien), lennom, legniom (lignum), raginom (regnum), ferner: donn (damnum fr. dam, dommage, angonn (it. inganno vom ahd. gaman cf. e. w. I. p. 238), schons (Schams Car. gr. p. 138), onda (amita fr. tante engl. aunt), sonda (sabbati dies pr. disapte wal. sembete fr. samedi cf. e. w. II. c. 407).

2) Oberengadinisch und grödnerisch: bram

---

\*) Rufinatscha leitet das wort von gamba her und vermittelt es durch fr. gambader tolle streiche machen. Das hält Staub (wohl richtig) für zu gesucht, (Rhäth. Ethn. p. 240) führt aber statt dessen ignominia als etymon an, das, wie die engadinische form beweist, ebenfalls zu verwerfen ist. Der ausfall des l vor nasalen kommt öfter vor, so: boign (balneum), oign (alnus).

3. (it. bramo vom ahd. breman cf. e. w. I. 81), clam 3. fam 3. gr., gramma 3., brama gr., ram 3. gr., amp 3. (hamus), flamma 3. gr., ambas vltkr. 790. (ambo) amenduos 3., chambi 3., chambra 3., chamma 3. (gamba), giamgia 3., lama 3., champ 3. tgiamp gr., stram 3. gr., aram 3., liam 3. gr., linam 3., reginam e., dann e. (damnum), amda 3. anda gr. (amita), samda 3. sada gr. (samedi).

3) Unterengadinisch wechselt a und o. Bei D. Champell herrscht a: dann (damnum) Car. gr. p. 200, scholamma (disclamat) p. 199, ammas duas p. 199, raginam = herrschaft, reich psal. 42, lammas adj. ps. 25. Bei Pitschen Saluz 1657 und Otto Aporta 1742 findet sich o: bromma sbst. Car. gr. p. 188, omman (amant) p. 188, donn (damnum) Andeer p. 84. Später findet sich a: clamas, dann, flamma, linam, chiüram, (coriamen, von corium). Bei Car. sind fälle mit o: chomma (gamba), giomgia, lainom, liom, arom, gromer (gromm l.) = rahmlöffel, romus (ramosus). Wir bemerken hier ein schwanken zwischen oberländischem und oberengadinischem einfluss seit ältester zeit.

c) Vor n (einfachem oder mit ursprünglichem folgenden guttural) verwandelt sich a im oberländischen und altunterengadinischen zu au, welcher schreibweise seit ältester zeit auch das oberengadinische folgt, während die heutige aussprache ä ist [10]). Das unterengadinische, seiner vorliebe für den reinen a laut gemäss, hat diesen gegenwärtig wieder an die stelle des alten au treten lassen und auch das grödnerische, welches vor einfacher consonanz, wie wir sahen, die schwächung e eintreten lässt, bewahrt hier, wie schon bei dem m das a rein.

1) Oberländisch: (Hier findet sich gleichberechtigt die schreibweise ou und nach katholischer schreibart eu.) chiaun, chioun, tgeun (canis it. cane, wal. cuine, fr. chien), damaun -oun (demane it. domani wal. muine

---

[10]) Auslautendes n lautet dabei wie m.

demuinc, fr. demain), puschmaun (postero mane), graun -aun -eun (granum fr. grain), launa -ouna (lana wal lune fr. laine), maun -oun -eun (manus wal. mune fr. main), paun -oun -eun (panis wal. puine fr. pain), plaun -oun (planus fr. plaine) dazu splauna = hobel, rauna -ouna (rana fr. raine vrlt.), saun -oun (sanus fr. sain), malsaun = krank, tauna (fr. tanière?), [11] vaun -oun (vanus fr. vain). Die endung -anus, ana lautet -aun -oun -eun, auna -ouna -euna: cristiaun -oun cristgeun (christianus fr. chrétien) (durch eine häufige umstellung des r: carstiaun = mensch), humaun (humain), pagaun, pagheun (paganus fr. payen), rumaun, rumeun (romanus wal. ramun fr. romain), fantauna -ouna (fontana wal. funtune fr. fontaine), pitauna (it. putana fr. putain cf. e. w. I. p. 335). Fälle mit folgendem guttural: aunc, ounc (it. anche cf. e. w. I. 21), aungel (angelus fr. ange), baun -oun (ahd. banch fr. banc), saung, -oung (sanguis wal. sunge fr. sang), staungel, -oungel (it. stanco wal. stung e. w. I. 396). straungla (strangula fr. étrangler), vischnaunca (von vicus) = dorf. Hierher gehören noch viele deutsche, aber meist gemeinromanische worte, wie: staunga, spraunca, zaunga, spaunga, craun (rank).

2) Oberengadininisch (Der kürze halber führe ich nur die formen an, welche auch Carisch gesondert, von den oberländischen gibt): chaun, christiaun, crastiaun, umaun, pajaun, funtauna, vischnauncha, auncha, bancha, bauncha. Die gleiche schreibweise findet sich, wie schon oben angedeutet, sowohl bei Biveruni, als auch im müsser- und veltlinerkrieg consequent durchgeführt, nur

---

[11]) Tauna = höhle liesse sich vielleicht aus antrana von antrum herleiten. Abfall einer silbe im anlaut ist in unsern dialekten sehr gewöhnlich und auch den verwandten sprachen geläufig, cf. rom. gram. I. p. 162. und auch der ausfall des r nach einer tenuis ist gemeinromanisch. rom. gram. I. p. 209. Ob das fr. tanière, afr. taisniere, tesniere nach Diez e. w. II. c. p. 419. zsgz. aus taissonnière = dachshöhle, hierherzuziehen, ist also zweifelhaft.

chapitanis begegnet neben chapitaunis müsserkr. 11, 14, 72, 78 und castellan neben castelaun 39, 59, 94, 426, welches aber schon durch seinen anlaut c statt ch als fremdwort gekennzeichnet ist.

3) Altunterengadinisch bei Durich Champell 1562 und J. Pitschen Saluz 1657: paun, christiaun bei Andeer p. 73. plauns ps. 42. baunk, duonnauns (pl. von duonna noch jetzt oberländisch) bei Car. gr. p. 200. maun, fuutauna, niaunchia Car. gr. p. 186 f. Noch J. Andeer schreibt 1681: crastiaun.

4) Neuunterengadinisch gilt a (so weit ich nachzuweisen vermag, zuerst bei Otto Aporta 1742): chan, chaun, doman, puschman, gran, lana, man, pan, rana, san, tana, van, cristian, crastian, human, pajan, funtauna e., pitana, auncha e., anguel, banc, spanga, zangua.

5) Grödnerisch: tgiagn (canis), magn (manus), pagn (panis), san (sanus), schurman (germanus), funtana, lana, plana (hobel), angiul, banc, stangia.

d) Vor n mit folgendem n, dentalen, erweichten dental oder guttural, so wie palatalem i oder e nimmt a oberländisch die gestalt o an, während die engadiner dialekte eine noch weitere spaltung eintreten lassen. Vor den tenues der erwähnten laute tritt oberengadinisch seit ältester zeit ein au (gegenwärtig mit der geltung ä) auf, welches sich auch im ältesten unterengadin einstellte, während es jetzt von dem reinen a laut wieder verdrängt ist, a erfuhr also hier die gleiche behandlung wie vor einfachem n. Vor doppeltem n dagegen, sowie vor n mit folgender media, (wozu auch die fälle mit palatalem i oder e gehören) meidet der Oberengadiner schon in ältester zeit die trübung des a, und das unterengadinische zeigt ein schwanken zwischen a und o. Der grödnerdialekt kennt nur den reinen vocal. Es ist dieses die nämliche darstellung des a, wie wir sie eben vor m betrachtet haben.

1) Oberländisch: ont, avont, davont (ante fr. avant, devant), conta¹²) (canto fr. chanter wal. cuntà), plonta (fr. plante), quont, tont (quantus, tantus wal. cut für cunt fr. quant, tant), nont fehlt bei Car. (mlat. wantus it, quanto cf. e. w. I. p. 230) quaronta (quatra(gi)nta fr. quarante) und sofort die weiteren zehner, uffon, uffont (infantem fr. enfant) und alle participia auf ans: ludont; ons (antea), onza = schlinge (it. ancino fr. hameçon von hamus)¹³). Ferner sämmtliche substantiva auf antia = onza: stonza (it. stanza fr. étance), spronza (éperance), abundonza (abondance), lonsha (fr. lance), balonscha (bilancea fr. balance), ronsch (rancidus wal. runce fr. rance dtsch. ranzig), Fronscha (France), ramontsch (Ruf.), rumonsch (Valther cat.), romansch (Conr.), ru- ro- ramonsch (Car.) (romanicus), onn (fr. an), Gion (fr. Jean), conif (fr. chanvre lat. cannabis), camonna (it. capanna fr. cabane e. w. I. p. 110), monna = garbe (it. manna nach Ruf. schon lat. interpr. vet. Juven. 8, 152), ponn (fr. pan), yonn (vannus fr. van), gloign (glandem fr. gland), glonda (fr. glande), grond (fr. grand), cummond, dumonda (fr. command, demande), schlonda (scandula fr. échandole wal. scundure e. w. II. o. 271), sponder part. spons (expandere fr. épandre). Ferner alle gerundia auf andus = ond: ludond, cantond, arond (cf. wal. arund), buvonda (it. bevanda), lavonda = wäsche (it. lavanda), vivonda = speise (it. vivanda fr. viande), tonscher (tangere fr. atteindre), ploign (fr. plainte), soinch (sanctus fr. saint), oign, oigna (alneus von alnus it. alno fr. aune), boign (balneum it. bagno fr. bain)¹⁴), cognia (canea

---

¹²) Conradi warnt in seiner gram. p. 47. vor cont statt cant (canto) während Car. gr. p. 150 conta angiebt. Es ist dieses, wie die endung -ant statt ont im part. pr. (cf. d. einleitung) ein neuer beleg der latinisirungssucht des erstgenannten grammatikers.

¹³) Rufinatscha, welcher die form aunz anführt, leitet es unrichtig von uncus her, cf. e. w. I. 22).

¹⁴) Schneller p. 41 stellt der gewöhnlichen etymologie eine andere deutsche gegenüber: dtsch. zwagen, indem er einen wechsel von deut-

fr. chienne', campogna (campanea fr. campagne', du moigna (domaneo für domineo), inf. dumigniar, mongia (manica fr. manche), mantognia (fr. montagne).

2) Oberengadinisch. *α*) **Vor n mit folgender tenuis**: avaunt, plaunta, taunt, quaunt, quaraunta, ludaunt, vivaunt, infaunt, plaunt (planctus) schon bei Biveruni und im müsserkr. 57., chiaunta (cantat) bei Biver., aunz (antea) [15]), aunza (it. ancino), staunza, spraunza, abundaunza bei Biveruni, launtscha müsserkr. 560. balauntscha, rauntsch, rumauntsch, Frauntscha veltlinerkr. 418. Einfaches a zeigt sich öfters im müsserkrieg, so: passant 245. fant (infantem) 646. cincuanta 81. und tschinquaunta 585. ordinanza 223. (gegen ordinaunza veltlinerkrieg 564.) danza 166. Dagegen spraunza 165. pussaunza 25.

*β*) **Vor n mit n oder media**: ann, chanf, chamanna, manna, pann, vann, spander, spans e., dumanda e., cummand, grand, bavranda, vivanda, tmand (timendus), vendand vendendus), aign, bagn e., chagna, champagna, mangia e., muntagna. Beispiele eines a bei Biveruni: grand, cumanda (il commande), sant, sainch f. sanchia (sanctus), tiran Im müsserkrieg: ann 55., Johan 43., grand 41., vivanda 188, im veltlinerkrieg: saink 35, baigns (balnea) 368., bagner (fr. baigner) 628. Die gutturale erweichte media ist nach Carisch oberengadinisch in die analogie der tenuis übergetreten. Daher tenscher (fr. atteindre), plaundscher (plangere), sench (sanctus).

3) Unterengadinisch. *α*) **Vor n mit folgender tenuis bleibt a gegenwärtig rein, in der alten sprache erweiterte es sich zu au**: avant, davant, planta, quant, tant, quaranta, uffant, infant, ludant, amant, anza (fr. hameçon). stanza, abundanza, balantscha, rumansch. Bei

---

schem zw (dv, tv) zu it. b und p annimmt. Doch sind alle beigebrachten beispiele eines solchen wechsels zum mindesten sehr unsicher.

[15]) Da man neben aunz im veltlinerkrieg auch ainz antrifft v. 58, 229 und hier i nicht füglich als zeichen der erweichung gelten kann, so ist das ein beweis der frühen aussprache des au = ä.

Dur. Champell: avaunt, taunt ps. 1. u. 42. chiauns (cantas), uffauntets, Car. gr. p. 199. u. 200. sprauntza, fidauntza ps. 42. gravaunz' = beschwerde Car. gr. p. 198., bei P. Saluz; aunt (ante), sisaunt (soixante), uffauns, abundaunza, fradlgaunza = geschwister Car. gr. 186. fg. In allen späteren denkmalen findet sich nur a. β) Vor doppeltem n und n mit folgender media zeigt sich ein schwanken zwischen a und o mit bevorzugung des letzteren in gegenwärtiger sprache: onn, chonf, chamonna, monna, ponn, vonn, glanda (fr. gland), grand, cummand, dumanda, spander, spans, tmond, vendond, bavronda, plondscher [16] (wal. plunge), plont, sonch, oign, bagn, chognia, champognia, magnia, muntognia; bei D. Champ.: grand, siand, dumonda ps. 23. u. 42. saingke ps. 23. muntaingas ps. 42. maingk (manduco) ps. 42., so auch maingia manducet) J. Andeer 1681. cf. And. p. 130.; bei P. Saluz herrscht o: grond, siond, chiatond (captandus), on, pl. ons. Bei spätern schwankt a und o wie noch jetzt.

4) **Grödnerisch**: dant, dagn = vor (fr. devant, tgiante (canto), fant = knecht (infantem), guant = kleid (mlat. wantus), planta, caranta, laudagn (laudantem), ann, tgianva (cannabis), mana (it. manna), grand, dumande (demando), sant (sanctus), tgiana (canea), magna (manica) etc.

## E.

I. Langes oder durch consonantenausfall lang gewordenes e erhielt sich in den verwandten sprachen (mit ausnahme des französischen) meist rein.

a) In unseren dialekten wird es vor allen consonanten (mit ausnahme des m und oberländisch des r) meist

---

[16]) Oberländisch tonscher lautet abweichend unterengadinisch tendscher; wenn es kein druckfehler, wäre oberengadinischer einfluss anzunehmen.

verbreitert: oberländisch zu ei, grödnerisch ëi [17]), engadinisch in beiden dialekten zu ai.

1) Vor liquidis und s: candeila 1. chandaila e. candela heinzenborg. (candela fr. chandelle), steila 1. stëilla gr. staila e. (stela für stella piem. steila fr. étoile pr. estela nie estelha, cf rom gr. I. p 142), teila 1. tëila gr. taila e. (tela fr. toile), Hierher gehört auch meil 1. mëil gr. mail 2. (malum it. melo), aveina 1. avaina e. (avena fr. avoine), cadeina 1. tgiadëina gr. chadaina 2. chadagna 3. (catena fr. chaine), tscheina 1. tschëina gr. tchaina e. (coena fr. cêne) [18]), fein 1. fain e. (foenum pg. fcio, fêo fr. foin), farein, frein 1. frain e. (frenum pg. freio, frêo fr. frein), peina 1. pëina gr. paina e. (poena fr. peine), plein 1. plain e. (plenus pg. cheio, chéo fr. plein), reins Ruf. rens Car. 1. rain, arain e (renes fr. reins), serein 1. sprëin gr. serain e. serenus fr. seri), terrein 1. terrain e. (terrenus fr. terrein, terrain), veina 1. vëina gr. vaina e (vena fr. veine), tschaira e. tschëira gr. (cera fr. cire wal. ceare), faira e. (feria it fiera pg. feira fr. foire), saira e. sëira gr. (*sera fr. soir wal. seare), vair (verus pr. veir fr. vrlt. voir), avair e. avëi gr. (habere fr. avoir), vair e. udëi gr. (videre fr. voir) und so fort alle verba, die im lat. auf ere ausgehen, in unseren dialekten aber durch übertritt zu anderen conjugationsformen numerisch sehr zusammengeschmolzen sind. treis, tres 1. trëi gr. trai 2. trais 3. (tres it. tre wal. trei pr. trei fr. trois), tchuncheismas Conr. und Ruf. 1. tschun-

---

[17]) ë lautet im grödnerischen wie ein mittellaut zwischen lateinischem ae und oe. Die diphthongierang ei kennen auch die norditalischen und der normännische dialekt Frankreichs und das engadinische ai weist auch der dialekt von Anjou und Poitou auf cfr. Burguy, grammaire de la langue d-oil. Berlin 1853-56. Tom. I. p. 25.

[18]) Wir bemerken hier, dass wir die lateinischen laute ae und oe, da sie in noch geringerem umfange als in den schwestersprachen erhalten sind und übrigens eine gleiche behandlung wie e erfahren zu haben scheinen, mit diesem verbunden betrachten werden.

keismas Car. 1. tschinquaisma e. cf. veltlkr. 117 (quinquagesima), quareisma 1. dureisma gr. quaraisma e. (quadragesima fr. carême), meisa 1. mëiza gr. maisa e. (mensa sp. mesa), meins 1. mëns gr. mais e. (mensis it. mese fr. mois), peisa 1. pais e. (pensum it. peso fr. poids), praisa e. (prensus fr. pris), teis = steil 1. tëis = besoffen gr. tais = voll, gestopft e. (tensus it. teso sp. tieso fr. toise). Die lat. endung -ensis gibt -eis 1. ais e. und wird von den engadinern oft zur bildung von völkernamen verwandt; (cf. Car. gr. p 129 f.) burgheis 1. (burgensis fr. bourgeois).

Vor mu tis: dei 1. nach Conr. (debeo, für dois), daien e. bei Biveruni (debent), deivet 1. debit e. eiver 1. aiver e. (ebrius fr. ivre)[19]), pleiv 1. plaiv e. = pfarrei (mlat. plebs = parochialkirche it. pieve), reiver 1. rever c. (repere ein in den schwestersprachen erloschenes wort), seiv, seif 1. saiv e. sêv heinzenberg. (sebum it. sevo fr. suif), seiv, seiff 1. saiv e. sêv hein. (saepes it. siepe), fleivel 1. flaivel e. (flebilis für debilis fr. foible alt floible it. fievole sp. pr. feble pg. febre), dëibl gr. deischl dialekt von Filisur. (debilis). Hierher zu ziehen ist auch die endung -eivel 1. -aivel e. it. evole lat. abilis, welche zu ebilis oder ibilis übertrat: migieivel 1. amiaivel e (amicabilis, it. amichevole), queida, cuveida 1. quaida, cuvaida e. (cupedo bei Lucrez für cupido cf. pr. cobeitar), cuseida 1. cusaida e. (consueta für consuetudo) creig crei 1. crai e. (müskr. 693) (credo fr. crois), craida 2. crëida gr. (creta nhd. kreide fr. craie), muneida 1. munëida gr. munaida e. (moneta fr. monaie), reit, reid

---

[19]) Scheiver, tcheiver 1. (auf welche letztere Form im lexik. verwiesen wird, ohne dass ich ihrer an der betreffenden stelle habhaft werden konnte) = „fastnacht" ist nach Steub Rh. Ethn. p. 239 gleichsam „disebrius". Doch ist der bedeutung halber die von ihm verworfene etymologie von Rufinatscha, der es p. 11. mit desipere it scipire „albern werden", zusammenstellt, wohl zu erwägen. Lautlich möglich sind beide herleitungen.

1. rait e. (rete fr. rets), seida 1. saida e. sëida gr. (seta fr. soie), seicla, sicla 1. saidla e. (setula), teigia = kienholz 1. teja, taja e. (taedes von tacda), teigia = scheide 1. taja 2. taischia 3. (theca fr. taie wal. teace cf. e. w. II. c. 417', bottëiga gr. (apotheca it. bottega fr. boutique cf. e. w. I. 79), raig rai e. alt araig (regem fr. roi), lai 2. luig 3. = ehc (legem fr. loi), ebenso im auslaut: mei, tei, sei 1. mai, tai, sai 2., (me, te, se pr. mei fr. moi).

b) ê erhält sich rein:

1) vor m: blastemma b. (it. blasfemia fr. blasphème), femna b. fënna gr. (fr. femme), premi m. 1. premgia f. e. (praemium it. premio fr. prime), semm (semen it. seme fr. sème), senda 1. semda e. (semita sp. senda fr. sentier).

2) Oberländisch vor r: tschera, sera, stadera Car. stadeila Conr. u. stadeira Ruf. 1. stadeira e. (statera fr. statère), ver (verus), ver, avêr (habere), ver videre). Einzeln auch vor andern consonanten: vel. b. (velum it. velo), regla (regula fr. règle), reg 1., leg 1. (fr. roi, loi).

3) Einzeln in den engadiner und grödner dialekten: fëgn gr. (foenum), plëgn gr. (plenus), rë gr. (it. re) më, të, së gr. me, te, se 3., pejer, pes 3. (pejor pejus), tschel, cel 3. (coelum fr. ciel).

c) Die gemeinromanische ausweichung zu i, sowie der diphthong ie (letzterer besonders im grödnerischen) findet sich einzeln auch in unseren dialekten: hrida 1. creda 3. (creta), pir, pis 1. (pejor, pejus pr. peitz fr. pis), pyrs bei Biveruni, welcher auch ein vinin (venenum sp. vrlt. venino), schil (coelum) kennt, butia 1. buttia e. (it. bottega), tschiel 1. (coelum) so auch im obereng. müsserkr. z. 1., fiera 1. (it. fiera); gr.: fiöra, stadiöra, tschiöl, siöf (saepes), piötsch (pejus), chiött (quietus).

II. „Kurzes e vor einfacher consonanz diphthongiert sich in den verwandten sprachen mit ausnahme der portugiesischen zu ié wal. auch eá," bleibt jedoch in nicht wenigen fällen auch bestehen. Letzteres findet besonders in vorliegenden dialekten statt, während die fälle mit dem diphthongen nicht häufig und fast nur oberländisch sind. Im Engadin und besonders im Unterengadin scheint ei hauptform zu sein und bei Biveruni zeigt sich öfter i.

a) Der diphthong ie begegnet oberländisch, wenn in folgender silbe ein i steht oder stand: ier 1. her e. (heri it. ieri fr. hier), fiera (ferit sp. hiere pr. fier afr. fiert), inf. fierer, frir part fiers, ebenso cuviera (cooperit), inf. cuvierer u. cuvrir, miedi 1. (medious it. medico, ebenso sp. doch altsp. u. afr. miege), remiedi 1. miez 1. mezz e. (medium wal. miez pr. mieg), piez 1. pezz e. (*petium it. pezzo sp. pieza fr. pièce e. w. I. p. 316), diesch 1. desch 3. diösch gr. (decem it. dieci sp. diez), tievi 1. tèvi e. (tepidus it. tiepido u. tepido fr. tied'. Die beispiele romanischer position werden besser mit denen lateinischer position verbunden. In offener silbe findet sich bei Conradi und in mehreren meiner quellen gleichfalls die schreibung ie, doch schreibt Carisch stets e und das ist wohl die gegenwärtige aussprache. liear, leur 1. liöver gr. (lepus it. lepre sp. liebre), leu, liun 1. liun e. liogn gr. (leonem fr. lion), tieu, theu 1. tiev e. (taeda sp. tea), mieu, tieu, sieu u. meu, teu, seu 1. mie, tie, sie gr. mieu, tieu, sieu 3 [20]). (it. mio pr. mieu, meu fr. mien', dieus, deus 1. die gr. dieu e. (deus it. dio fr. dieu), iou, eau, ea 1. iö gr. eu, eug 2. eau 3. (ego pr. ieu).

b) Im Engadin wird e häufig zu ei: meil 2. meigl 3. miêl gr. (mel it. miele sp. fr. miel pr. mel', feil e. (fel it. fiele fr. fiel pr. fel), meidi e. (medious), remeidi

---

[20]) leu wird im Oberengadin = ia gesprochen, cf. Car. gr. p. 111.

e. (remedium), veider 2. (vetus veteris; in den verwandten sprachen erloschen), peida = zeit, musse (etwa von pes, pedis wie pedone it. = fussgänger? cf. e. w. I. 311); hierher leid (laetus) übergetreten, feivra e. (febris fr. flevre), leivra e. (lepus), leiva (levat), leiv (levis it. lieve fr. lége), analog diesem: greiv (gravis it. greve); neiv 9. neif 3. (nepos fr. neveu). Unterengadinisch auch in offener silbe und zwar sehen bei Dur. Champell und Pitsch. Saluz: deis, meis, teis, seis neben dieu, meu, seu, sieu.

c) Biveruni setzt in seiner oberengadinischen übersetzung des neuen testamentes öfter i für e, jedoch, so weit ersichtlich, nur vor erweichten (durch einfluss eines palaten i) lauten und in latein. position: miz (medius), vingen, tingen (veniunt, tenent), Singer (senior), vijlg (vetulus), vijlgdüna = alter, milg (melius), inelijgt (intelectus), tijmp (tempus), differjntia. Allein stehen: disch 2. (decem fr. dix), antir, antier 1. inter e. (integer fr. entier).

d) In den meisten fällen bleibt aber e rein: so in den fremdwörtern: evangeli, imperi, materia, ministeri, santeri, sumanteri 1. sunteri (κοιμητήριον fr. cimetière), ferner: mel 1., fel 1., meglier 1. megl meglder e. (melior), vegl b. (vetulus), schem 1. dschem 2. (gemitus), vegn, tegn (venit, tenet it. sp. viene, tiene fr. vient, tient pr. ve, te), Segner (senior fr. seigneur), veder 1., peda 1., led 1., aber pei 1. pè e. (pes fr. pied pr. pe), brev f. 1. = brief (brevis it. brieve fr. brief), fevra 1. (it. ebbra), leva 1. (levat), lev 1. (levis), grev 1. (gravis), nebla 1. (nebula sp. niebla), nefs 1. (nepotem), legier 1. leger 2. ler 3. (legere fr. lire), regier 1. redscher e. (regere it. reggere), tegia 1. thea 2. (attegia Diez gr. I. p. 132).

III. In der position bleibt e unverändert in den verwandten sprachen. Nur der Walache und Spanier heben auch hier den diphthongen.

a) Ihnen schliessen sich unsere dialekte und besonders der oberländische an, indem sie e zu ie, ia, ea verbreitern. Die Oberländer thuen es vor allen consonanten (mit ausnahme der gutturalen?) ohne sich aber streng daran zu binden, die Grödner nur vor r mit folgender consonanz und so auch findet sich der diphthong im ältesten unter- und oberengadinischen, während die jetzige sprache dieser dialekte nur noch wenige beispiele bewahrt hat.

1) Oberländisch: ie, ia: stierl, stiarl 1. sterl e. (sterulus it. sterile), schierm 1. dscherm e. (germus it. fr. germe), tierm, tiarm 1. term e. (terminus afr. tierme), vierm 1. verm e (vermis wal. vearme, verme), unviern (hibernum wal. earne fr. hiver), uff-, infiern (infernum fr. enfer), stiarner 1. sterner 2. (sternere; in den übrigen romanischen sprachen erloschen). Die endung -erna gibt iarna: latiarna 1. laterna 2. linterna 3. (laterna fr. lanterne), fier 1. fer e. (ferrum wal. fier sp. hierro), siara, sera 1 (serra für sera = schloss fr. serre e. w. I. 379), tiara, terra 1. torra 2. (wal. tzeare, tziere fr. terre), datschiert adv. (certe afr. ciert), desiert 1. desert e. (desertum fr. désert), ierta 1. (*hereta von hereditare fr. heritage). Die participia: aviert, cuviert, ratschiert²¹) (apertus, coopertus, receptus), mierda 1. merda e. (it. merda), tierz 1. terz e. (tertius it. terzo fr. tiers), tschierv 1. tcherv e. (cervus sp. ciervo afr. cierve), erva, iarva 1. erba 2. (herba wal. earbe fr. herbe), ncrv, nierv, gnierv 1. gnerv 3. (nervus sp. niervo), supiervi, superbi 1. superbi e. (superbus fr. superbe), siarp 1. serp e. (serpens it. pg. afr. serpe sp. sierpe), albierg (ahd. heriberga fr. auberge altsp. albergo), piel 1. pell e. pöll gr. (pellis wal. peale, pele sp. piel), schumial 1. gimels 2. dchimels 3. (gemellus fr. jumeau), sialla 1. sella e. (sella altsp. siella), masialla 1. massella (maxella). Die endung ellus kürzt sich im sgl. oberländisch zu l, engadinisch zu é, lautet aber im pl. ials,

²¹) Das part. von anscheiver 1. (incipero) lautet anschiett 1.

els: capl 1. chapè e. tgiapöll gr.; pl. capials, chapels.
tgiapöi, ebenso formte sich bì, biall f. bialla 1. bell,
bè e. böll gr. (bellus fr. beau afr. biel); tschient b-
tchēnt gr. (centum sp. ciento), fimient 1. = räucherung
fument e. (*fumentum?), rumient 1. rimient e. = koth
(*remanent' cf. rom. gr. II. p. 357). Die endung -entia
gibt -ienscha 1. enscha e.: cardienscha 1. credenscha e.
(credentia wal. credintze fr. creance), miass 1. mess 2.
messis it. messe fr. moisson), viespra 1. vespra 3. (vesper
altsp. viespra afr. viespre), biesc, bieschg 1. bestia 2.
beschia 3. (bestia wal. biess afr. bieste), on basiast
(annus bisextus Ruf.), dumiesti 1. domestic 3. (domesti-
cus sp. domestico), ester, iester, iaster 1. (exterus),
fiasta, festa 1. fösta gr. (festa sp. fiesta), figniastra,
fenestra 1. funöstra gr. (fenestra wal. fereastre sp. vrlt.
finiestra fr. fenêtre), niazza 1. (*neptia für neptis fr.
niece sp. nieta cf. e. w. II. c. p. 374), siat 1. sett e.
söt gr. (septem wal. seapte sp. siete fr. sept), schliat
schliet 1. schlett e. (nhd. schlecht it. schietto).

2) Grödnerisch (fast nur vor r) iè: tierra, infiern
(infernum), inviern (hibernum), fièr (ferrum), vièrra (ahd.
werra fr. guerre), tschierf (cervus), nierv (nervus), ièrba
(herba) viers praep. (versus), lintierna (laterna), sies (sex
wal. sease), biôscha (bestia). In den beiden letzten bei-
spielen wirkte wohl der folgende guttural und das pala-
tale i die diphthongierung so auch in piöne (pecten),
piöt (pectus), liött (lecttum), wo ihn die bündner dia-
lekte meiden.

3) Altunterengadinisch [22]) kommt bei Durich
Champell ie und ea als erweiterung des e vor r mit fol-
gender consonanz vor, während schon Pitschen Saluz
den reinen vokal in seine rechte wieder einsetzte. Bei-
spiele bei Dur. Champ. sind: tearm (terminus),

---

[¹¹]) Die aus den verwandten sprachen bekannte auflösung des
doppelten l hat auch im altunterengadinischen statt: beau = bel, cf.
Car. gr. p. 108 und 129.

pearder, tschearta (certa), tschierui (cervi), hiviern (hibernus). Beispiele bei P. Sal: tscherm (germus), terms (terminus), terra, terz, serf (servio).

4) Oberengadinisch findet sich im veltliner krieg (ebenfalls nur vor r und folgenden consonanten) fast ausnahmslos der diphthong ie (und ea), den auch Biveruni kennt, ohne ihn consequent zu schreiben. Der müsserkrieg meidet den diphthong gänzlich und in gegenwärtiger sprache findet er nur selten anwendung. Beispiele bei Biveruni: infiern (infernum), vierf pl. verva (verbum; ein in den übrigen sprachen und gegenwärtig auch in unseren dialekten erloschenes wort) dagegen: terra, schert (certus), servan (serviunt). Beispiele aus dem veltinerkrieg: tearm 1040, (terminus), tschearnas 87, 112, 815 und scherna 48 = auswahl (von cernere), inviern 5 (fr. hiver), avierts 207 (aperta sc. loca), tschiert 451, tscheart 733, tscheartezzia 827, profearta 945 = anerbieten (von proferre), pearz 244 (perdutus), tearz 320. aber vers praep 385 (versus), und vart sbst. = seite 582. Gegenwärtig zeigt sich der diphthong noch in: inviern, uviern e. (fr. hiver), infiern 3. (infernum), earva 3. (herba) und tschient (centum).

b) Im Engadin (besonders im unterengadinerdialekt) herrscht vor der lautverbindung st eine vorliebe zu ei (statt des einfachen e) und vor den nasalen n und m zu ai, welche sich oberländisch nirgends zeigt, wohl aber engadinisch auch vor einfacher consonanz.

1) Ei vor st (Diese schreibung bietet sich schen in den beiden historischen gedichten oberengadinischer mundart. Ob auch Biveruni und die altunterengadinischen autoren so schrieben, vermag ich aus mangel einschläglicher beispiele nicht zu entscheiden): adeistet 2 adester 3. (dexter), domeisti 2. dometic 3., eister e. (externus), fneistra, fnestra e. (fr. fenêtre), feista e. (festa), reista, reistan e. (restat, restant), reist e. (fr. reste), teista,

testa e. (fr. tête). Dazu veispra 2. vespra 3. (fr. guêpe nhd. = wespe).

2) Ai vor m und n (jedoch nur, wenn ihnen eine tenuis folgt oder folgte, und bei m auch dann nicht consequent; schon in den ältesten denkmälern beider dialekte ist die sachlage die nämliche): saimper e. semper 1. aber temp b. (tempus), exempel b. (exemplum), September; daint e. dent, denn (dentem fr. dent), sainta e. senta 1. (sentit). Die participialendung -ens -entis lautet -aint e. ent 1.: vivaint e. vivent 1. (vivens); ebenso die substantiva auf -mentum: -maint e. -ment 1. testamaint e. testament 1., die adjectiva auf -entus: containt e. cuntent 1., die adverbia auf -mente; -maing e. -mein, nach andern -megn 1.: facilmaing e. facilmein, facilmegn 1. (fr. facilement). Dagegen findet sich nur: imprender, tender, pendor; senn sens (sensus), penna; ebenso gibt die endung -entia nur -enzia, -enscha: prudenzia, sabgenscha.

c) In andern fällen (besonders vor gutturalen) bleibt e in den bündnerdialekten rein, so: dretg 1. drett e. (directus fr. droit), daletg 1. dalett e. (delect-atio), anta, letg 1. intellett e. (intellectus it. intelletto), pechien 1., petten e. (pecten fr. peigne), tèg 1. tett e. (tectum fr. toit), lèg 1. lett e. (lectus fr. lit), teisser 1. tesser 2. (texere fr. tisser)

d) Einige kleine ausweichungen zu i (neben den bei Biveruni vorkommenden cf. p. 31 c.) sind noch aufzuzeichnen: sis 1. ses e. (sex), cischp. (cnespes it. cespo) und bei Dur Champell ps. 23. iffick (effectum).

I. Langes i erhält sich in allen romanischen sprachen rein, so auch in sämmtlichen vorliegenden dialekten.
a) Vor liquidis und s: m b.: d. gr. (mium fr. fil); ngl b. fi gr. (filius fr. fils), figlia b. na gr. (china), gigua b. (illium it. giglio fr. lis), so wiar erzücken = (von-ills v), die

endung ilis: satill 1. stigl e. (subtilis, schëntil = klug gr. (gentilis), nuvill 1. uvil 2. nuvigl 3. = viehstall (ovile); glimma 1. glima e. lima gr. (lima fr. lime), schimgnia 1. schimgia e. fehlt gr. (simia it. scimia fr. singe), amprim 1. prim gr. (primus it. primo), sublim b. (sublimis), fin b. figu gr. (finis fr. fin), lin, glin b. lign gr. (linum fr. lin), pign, pinn b. pinch gr. (pinus fr. pin), serign b. serign gr. (serinium fr. ècrin), spinna 1. spina e. (spina fr. épine), vin b. vign gr. (vinum fr. vin); die endung -inus, ina: vischin 1. vschin e. uschin gr. (vicinus fr. voisin), farina, frinna b. farina gr. (farina fr. farine), girar, ir b. schi gr. (it. girare, von gyrus), mira 1. 3. = ziel, mire gr. = betrachten (it. mira), spirt 1. gr. (spiritus fr. esprit); die verba, welche lat. auf -ire ausgehen, haben -ir b. 1 gr.: sentir b. sëntl gr. (fr. sentir), ris part. von rir b. ris, rl gr. (risus, ridere fr. ris, rire), viss 2. vix 3. (visus). b) Vor mutis: fider, -är b. fide gr. (it. fidare fr. confier), igniv 1. gnieu e. (nidus fr. nid pr. niu), vitt b. (vitis fr. vis), anvidar 1. invidar -är e. (invitare fr. convier), vitta b. vita gr. (fr. vie), castiar -igiar 1. chastiar -är e. (castigare fr. châtier), gir 1. dir e. di gr. (dicere fr. dire), flec 1. fix e. (ficus fr. figue), fichiar 1. fichar -är e. ficgè gr. (figere it. figgere), pigia Ruf. (picus it. picea fr. pie), schi b. (sic it. fr. si), spigia 1. spia e. u. gr. (spica fr. épi), vig 1. vich 2. vih 3. (vicus it. vico); die suffixe -icus -ica und -icum: amig 1. ami 2. amih 3. (amicus fr. ami), umblig, umblih (umbilicus it. ombelico fr. nombril), furmicla 1. furmia e. u. gr. (furmica fr. fourmi), ragisch, risch 1. radisch 2. rtsch (?) 3. ravisa gr. (radicem fr. racine pr. razitz), souritscha gr. (fr. souris), eribel e. erivel 1. (eribrum fr. crible), fibla 1. fivla 3. (fibula it. fibbia), liber b. (liber adj. fr. libre), lira b. u. gr. (libra it. libbra, lira fr. livre), privar -är b. (privare fr. priver), riva b. (ripa fr. rive), scriver b. scri gr. (scribere fr. écrire), schivel 1. schibl gr. (sibilus it. sibilo fr. sifflet), tiba 1.

= alphorn (tibia fr. tige`, viv b. u. gr. (vivus fr. vif); Die endung -ivus -iva: nativ b. (nativus fr. nativ), chativ düsserkr. 120. fehlt bei Car. [23]), cattiv gr. (captivus fr. chetif), saliva b. u. gr. (saliva fr. salive). Einige ausweichungen kommen jedoch auch hier vor; so wird in einigen worten das i, welches meist helle und gedehnte aussprache hat, als ein dem e sich nähernder laut gesprochen, jedoch nur im Oberlande, während die Engadiner stets den reinen laut bewahren, z. b. vitta = vetta. Letzteres ist auch die schreibart der katholiken cf. Car. p. 123. Leider vermag ich die einzelnen fälle, in welchen die von Car. gr. p. 107. erwähnte verdumpfung eintritt, nicht anzugeben, da mir ein oberländisches buch mit katholischer orthographie nicht zur hand war. Wahrscheinlich aber sind es die fälle, wo der lateinische, einfache consonant geschärft auftritt. Entgegengesetzt dieser verdumpfung zu e im Oberlande, zeigen die engadiner-dialekte, besonders der unterengadiner vor den labialen und m eine neigung das i zu ü zu trüben: fübla 2. (fibula), prüm e. (primus) schon im müsserkr. 103. und bei D. Champ. ps. 1., prüvà (privatus), schüvel e (sibilus) = schivel und scheul 1., schüvlar -àr e. (sibilare) = schivlar, schular 1. Oberländisch hat sich hier der labial vokalisirt und den i laut geschwächt oder ganz verdrängt [24]). In Tyrol entspricht diesem ü: „ü" und „u" schurrè, schiurrè badiotisch (sibilare), ruf gr. (rivus wal. rau) lautet badiotisch rü. Vereinzelt stehen: spiert e. (spiritus), welches schon im ältesten unterengadin bei D. Champ. ps. 28. zu belegen ist und auch oberländisch als spert (im deutschen theil des Conradischen wörter-

---

[23]) In der recht hübschen zusammenstellung lateinischer ableitungssilben, welche sich in seiner grammatik p. 125. ff. findet, ist sonderbarer weise die endung -ivus -iva ganz übersehen, ohne deshalb den dialekten unbekannt zu sein.

[24]) Auch schon im lat. hat der folgende labial eine ähnliche trübung gewirkt wenigstens, wenn man subula = ahle (sibla 1. sübla 2. süvla 3.) u. subulo = flötenspieler mit sibilo zusammenstellen darf.

buches) begegnet; prievel e. prigel 1. (periculum) (bei
D. Champ. ps. 23 priguel, prof. a Porta schreibt 1795
noch unterengadinisch privel, während der oberengadinische veltlinerkrieg 93 prievel bietet, bei Conr. lautet
das wort priegel und priguel und bei Ruf. priel); mera
2. mira 1. (im oberengad. lautet es müsserkr. 183.
mira = lauer). Ein fall endlich, der allen vorliegenden
dialekten, sowie dem it. pr. und fr. gemeinsam, ist:
freid 1. fraid e. frëid gr. (frigidus it. freddo pr. freit
fr. froid).

II. Kurzes i vor einfacher consonanz geht in den
verwandten sprachen in e über. In unseren dialekten
geht es a) analog dem langen e, vor allen consonanten
(mit ausnahme des m und oberländisch des r) in den
Diphthongen über: oberländisch ei grödnerisch öi engadinisch in beiden dialakten ai.

1) Vor liquidis und s (Der beispiele sind sehr
wenige, da alle fälle mit palatalem i wie in der position
behandelt werden): peil 1. pëil gr. pail e. (pilus it. pelo
fr. poile), sein 1. sain e (sinus it. seno fr. sein), meins
1. main e. schon bei Biveruni (minus it. meno fr. moindre),
meina 1. main 2. bei D. Champ. (cf. Car. gr. p. 198,
mëina gr. (minat it. mena fr. mène), urdaina vltkr. 743.
(ordinat), pëir gr. pair e. (pirus it. pero fr. poire),
nair e. schon bei Biveruni (niger it. nero fr. noir).

2) Vor mutis: fei 1. fai 2. (fides it fede fr. foi),
neidi, neid 1. (nitidus it. nitido), prei, parei 1. parëi gr.
parait e. (parietem it. parete. fr. paroi), seit 1. schëit gr.
sait e. (sitis it. sete. fr. soif), veider 1. vaider e. (vitrum
it. vetro pr. veire fr. verre), vaigd, vaigda u. vaidg,
vaidgua u. guaivd, guaivda e. (viduus, vidua it. vedovo
fr. veuve), beiver 1. baiver e. schon bei D. Champ. u.
Biveruni (bibere it. bevere fr. boire), neiv 1. nëiv gr.
naiv e. (nivem it. neve fr. neige), neiver 1. naiver e.
(nivere it. nevare fr. neiger), peiver 1. paiver e. (piper
it. pevere fr. poivre), ratscheiver 1. artschaiver e. (reci-

pere fr. recevoir); die endung -ibilis: carteivel 1. = glaub-lich cretaivel e. = gläubig (credibilis it. credevole fr. croyable);

b) es verwandelt sich, wie in den verwandten sprachen, zu e.

1) Vor m (wo aber in wenig assimilirten worten häufig das ursprüngliche i bestehen bleibt) in allen, und vor r im oberländer dialekt: ansemmen, ansembel 1. insembel 2. insemmel 3. (insimul it. insieme fr. ensemble), dagegen simil, consimil (similis it. simile), stema 1. (kathol. schreibung), stima b. (aestimatio it. stima fr. estime), temma b. tëma gr. (timor it. tema); ferner: pêr 1. (pirus it. pero), nêr 1. (niger it. nero).

2) In offener silbe bei folgendem u im oberländischen, wofür sich auch die oberengadinische schreibung ieu findet (die obereng. aussprache des ieu = ià erwähnten wir schon oben bei dem kurzen e); in den engadiner dialekten steht hier meist reines i, doch auch der diphthong ie; im rom. auslaut tritt oberengadinisch è, heinzenbergische auf: aveul, avieul 1. aviöl 2. aviol 3. (apiculus fr. abeille), meula, mieula, schmieula 1. miula 2. mievla 3. (micula cf. it. miga fr. mie, miette), vieu, veu f. vieua, veua (viduus, vidua fr. veuve); das masc. der part. perf. aller schwachen verba auf -ere, ire geht oberl. auf eu, obereng. auf ieu aus: vendeu 1. vendieu 3., duleu 1. dulieu 3., udeu 1., udieu 3.; oberländisch begegnet auch hier ieu bei Conr. und anderen; das lange i wird also hier gleich dem kurzen behandelt, so auch in substantivis z. b. mareu, marieu 1. (maritus fr. maris); prè 3. pre h. (paries), fé 3. fe h. (fides).

c) I bleibt bestehen in offener lateinischer oder romanischer silbe und auch sonst in schlecht assimilirten lateinischen worten (Die fälle sind fast die nämlichen, welche auch die verwandten sprachen aufweisen): gi 1. di e. u. gr. (dies it. dia, di), via b. (it. via fr. voie), lia e. ligia 1. (it. lega fr. ligue), stria b. (it. strega); ferner: discipul, invidia 1.

inviglia 3. liquid, minim (it. minimo', tiger 1. tigher e. titel b. (it titolo), legitim, terribel b. tribl gr., avarizia etc.

III. In der position vertauschen die verwandten sprachen i meist mit e.

a) Die gleiche vertauschung mit e ist in unsern dialekten besonders im oberländer und grödner üblich. (Romanische position, wozu auch alle fälle eines palatalen i zu rechnen sind, hat hier dieselbe geltung wie ursprüngliche).

1) **Liquidae** u. s: cavell 1. chavè e. tgiàvèll gr. (capillus fr. cheveu), selva 1. (silva it. selva), stella 1. = traufe (stilla it. stella = kielfurche?) el, els f. ella. ellas b. ël, ëi f. ëila, ëiles gr. (ille it. el fr. il), sembel Conr. sëmpl gr. (simplex it. semplice fr. simple), en, ent, enten 1. (intus pr. ins afr. ens nfr. dans), trenta b. trënta gr, (triginta fr. trente), cumenza 1. (it. comminciare fr commence cf. e. w. I), senza 1. zënza gr. (v. sine it. senza fr. sans), savens 1. suvent 2. suenz 3. suvënz gr. (subinde it. sovente fr. souvent), tschendra b. tschënder gr. (cinera it. cenere fr. cendre), mender b. mënder gr. (minor it. meno fr. moindre), fender b. (findere fr. fendre), stenscher 1. 2. (extinguere fr. éteindre), strenscher 1. strënscher gr. strendscher 2. (stringere fr. contraindre), venscher 1. vëntscher gr. vendscher 2. (vincere fr. vaincre), veinch, veign 1. (viginti it. venti), tschengel, tscheingel m. = einsam stehender fels (cingulum? it. cingolo it. cinghio = abhang. Steub Rh. Ethn. p. 49 weist das wort dem etruskischen zu), dumeingia 1. dumengia e. dumëgna gr. (dominica it. domenica fr. dimanche), lenn 1. lëgn gr. (lignum it. legno), lieunga, leunga 1. lengua 2. lënga gr. (lingua fr. langue), pieung, peing Conr. piaun, pioun Car. 1. = „fett." (pinguis it. pingue, pinguedine fr. pinguin = fettgans; Steub. Rh. Ethn. p. 47 setzt dafür ein etruskisches puana an), pegn, peign 1. (pignus it. pegno), senn 1. = glocke (signum altit. segno pr. cenh, ansenna 1. segn e. sëgn gr. (signum it. segno fr.

signe), desegn, disegn b. (it. disegno fr. dessein), tegnia,
teina 1. togna e. (tinea it. tigna fr. teigne), tscherca 1.
tschercha e. tschërtla gr. (circat, circulat it. cercare fr.
chercher), tscherkel 1. 2. circulus fr. cercle), ferm b.
(firmus fr. ferme), erpi 1. erbst 2. erpesch gr. irpicem
it. erpice fr. herse), vergia, verscha = kehrbesen Conr.
(virga fr. verge), verd b. u. gr. (viridis fr. vert), fessa
1. sfessa e. sfëssa gr. (fissa it. fesso), mess 1. 2. (missus
fr. mis) spess b. (spissus it. spesso), -issa wird essa:
con-, cuntessa (fr. comtesse), issem wird ess: vendess
(pr. vendes); battem 1. (baptisma fr. baptême), cresta 1.
(crista fr. crête), quest 1. (ecce iste it. questi), ueschg,
uveschg 1. vescul gr. (episcopus fr. evêque), pesc 1.
pesch e. pësch gr. (piscis it. pesce), -iscus gibt esch:
tudesch 1. tudësch gr. (teodiscus it. tedesco).

2) Mutae: metter b. mëtter gr. (mittere fr. mettre),
lëttra gr. (littera fr. lettre), survetsch 1. servezzen e.
(servitium), vezz 1. vez e. (vitium), tschepp b. (cippus
fr. cep), sezz 1. (se ipse), svess e (suus ipse?) vess 1.
vix it. rece fr. fois), gig (spr. dgég nach Conr.) 1. dett
e. (dictus), dett 1. dëit gr. (digitus it. dito fr doigt),
sech, setg b. sëch gr. (siccus fr. sec), strech, stretg 1.
strett e. (strictus it. stretto fr étroit), vendetta b. gr.
(vindicta it. vendetta).

b) Vor erweichtem l finden sich verschie-
dene schreibungen: (das i, welches sich an ober-
ländisch e engad. a sehr häufig anfügt, wird jedoch in
den meisten fällen reines quetschzeichen sein); tschisch-
eiglia Car. tschitscheglia Ruf. tscherscheglia Conr. 1.
(caecilia Ruf.), cun-cuseigl Car. cusselg Conr. 1. cugnsëi
gr. cussaigl, -egl e. (consilium fr. conseil), fumeigl 1.
famaigl e familius = famulus), meigl, megl 1. mei 3.
(milium it. miglio fr. mil). marveiglia Car. marveiglas
Conr. 1. müravaglia e. (mirabilia fr. marveille), peiglia,
peglian 1. (pilat, pilant it pigliare) survitscheiglia Car.
survertscheiglas, survertscheilas Conr. 1. survaschella 3

(?) (supercilia fr. sourcils; der anlaut erfuhr umdeutung zu survir (serviro), lat. also gleichsam servacilia; tschnigl (cilium) hat nur 2.), ureiglia Car. ureglia Conr. 1. urĕdla gr. uraglia e. (auricula fr. oreille), suleigl Car. soleigl, Conr. 1. solëdl gr. sulaigl e. (soliculum pr. solelh) baseilgia Car. baselgia Conr. 1. baselgia e. (basilica vertritt in Bünden das gemeinromanische ecclesia = dliëscha gr. gliescha enneberg.), streglia 1. straglia e. (strigilis it. stregghia fr. étrille).

c) Vor den nasalen sowie vor s mit folgender muta setzen die engadinerdialekte gern ai statt e: saimpla 2. cf. Car. gr. p. 194 (simplex), aint (intus), cumainza, müsskr. 162 (comminciat), sainza (it. senza), vaindscher 3. (vincere), vainch (viginti), lain (lignum), painch = butter (pingue), pain (pignus), sains 2. saign, sain 3 (signum pr. cenh), insaina (fr. signe), die schreibung au für den laut ä (cf. p. 24 c.) hat sich auch hier eingedrängt in: staundscher 3. (extinguere), straundscher 3. (stringere), laungia 3. leaungia Biver. (lingua fr. langue), craista (crista), quaist 3. Biv. müsskr. (ecce iste), maistda Biv (mixtat) sneister Car. 2. sneichtra 3. veltkr. 544 (sinister it. sinestro), ovaisc 2. ovaisg 3. uvaisch müsskr. 357 (episcopus), paischia 3. = fischruthe (v. piscis). tudaisch e. (teodiscus).

d) Bei Dur. Champell und im Veltlinerkrieg ist, wie bei e, der diphthang üblich, den auch die gegenwärtige oberengadinische sprache kennt, während der müsserkrieg und der unterengadinerdialekt (von P. Saluz an) ihn, wie auch bei e, meiden.

1) Unterengadinisch D. Champ.: tschearchk' fr. cherche), fearm (firmus) ps. 42, veard (viridis) ps. 1, vearna Car. nachtrag von 1852 (virginem); P. Saluz: tscherchia, ferm.

2) Oberengadinisch. Vltkr.: fiarm, fearm 508, 924, gielgia 117 (vigilia?); müsserkr: tschertscha 532, ferm 604; gegenwärtige sprache: schierchel (cir-

culus), ierpi (irpicem); einzeln: saniester 1. sneister 2. schnester 3. (sinister).

e) Oft bleibt aber auch i bestehen, besonders vor ll, n und 's: tschinta b. (cincta cf. fr. ceindre), dign 1. degn. e. (dignus), finta b. (fingere fr. feinte), prinz, prinzi b. (fr. prince), tschinch e. gr. (quinque), quint gr. (quintus), stig 1. stitt e. (exstinctus), vint gr. (viginti), argiglia Conr. (argilla), milli b. mille gr. (mille), pill, pilla, pilluta 1. pirola e. (it. pillola), miss 3. (missus), acquist b. (it. acquisto), rista b. (it. arista), assister b. (it. assistere), chista Conr. tgèsta gr. (it. cista), epistla 1. epistola e., trist b. (it. triste), quist e. schon P. Saluz (it. questi), scritt b. gr. (it. scritto), fix (it. fixo), ditt 3. gr. det nonsberg. (dictus', viz gr. (vitium).

## O.

I. Langes lateinisches o erhielt sich im italiänischen, spanischen, portugiesischen und provenzalischen meist rein, artete jedoch öfter, besonders im walachischen und altnormännischen zu u aus. a) Die bündnerdialekte (der oberländische fast ausnahmslos) setzen u; ihnen schliesst sich der Enneberg-Abteier an.

1) Vor liquidis und s: cul b. (colum it. cola), scular -är b. (colare fr. couler), duglia b. = stielöffnung in der axt (dolium it. doglia = fass), sul, sulett b. schon D. Champ 1. (solus fr. seul). num 1. 3. bei Biver. (nomen fr. Léger: nun), pumma (pomus fr. pomme), dun Conr. 1. duns pl. P. Saluz (cf. Car. gr. p. 191.) 2. (donum fr. don', dun (dono) Biveruni 3. (beide fehlen bei Car. cf. dunat afr. eidschwüre), nun b. (non wal. nu), curunna, crunna b. (corona fr. coronne it. cruna wal. curune), parsunna 1. persuna e. (persona); die endung o -onis lautet -un, im enneberg-abteiischen ugn (cfr. Mitterrutzner p. 15, 19), ladrun b. (latronem it. ladrone fr. larron), liun b. (leonem), pivun 1. paviun 2. pavun 3. (pavonem fr. paon), saschun e. (fr. saison cf e. w. I. p. 394. s. v.

stagione), uraziun b. oraziugn enn.-abt. (orationem fr oraison), flur b. (florem it. fiore fr. fleur), ura b. (hora fr. heure anorm. ure', cur, cura b. (qua hora cf. e. w. L p. 295 f.), lur b. (illorum it. loco ft. leur), mura 1. (morus wal. mure), ur b. = saum, rand (os, oris in den übrigen sprachen erloschen); die endung (t) -or, (t) -oris lautet (d) -ur, (t) -ur: b. enn.-abt.: amur b. enn.-abt. (fr. amour anor. amur), dalur 1. dolur e. (dolorem fr. douleur), hanur 1. honur 2. onur 3. (honorem), lavur (laborem), magiur (major), pegiur, priur, migliur (melior), minur, signur (senior), stimadur f. stimadura (acstimator -trix), pastur, traditur u. s. f.; giù 1. (deorsum it. giuso sp. yuso pr. afr. jus), spus b. (sponsus it. sposo anor. espus), nus b. (nos fr. nous fr. mlat. nus), vus 1. 3 (vos fr. vous fr. mlat. vus); die endung -osus lautet -us: glorius b. enn.-abt. (it. glorioso fr. glorieux).

2) Vor mutis: cutt (cotem it. cote fr. queux), nuf 1. Conr. (nodus sp. nudo), nuar 1. (nodare fr. nouer) fehlt ebenfalls bei Car. tut. 1. dutt gr. (totus it. tutto port. tudo fr. tout anorm. tut). vud, vutt b. = gelübde und götzenbild (votum it. voto anorm. vud) Ruf. p. 14. will das wort in letzter bedeutung von Wuotan dem obersten gott der deutschen herleiten), muvel = viehstand (mobile fr. meuble), ruinna 1. ruina, ruegen e. (robiginem sp. robin cf. e. w. I. 360. s. v. ruggine), ruver b. (robur fr. roure), scua, scuva b. (scopa), scrua b. (scrofa casseler glos. scruva', schuber (sobrius fr. sobre dtsch. sauber), vusch b. (vocem fr. voix), suga 1. sua e. (mlat. soga, so auch it. sp. port. cf. e. w. I. p. 384.; oder hatte das etymon kurz u und liesse sich das in den wörterbüchern als bei Plaut. Cat. u. Vitr vorkommend citirte sucula = „ziehmaschine, winde" herbeiziehen?); die endung -ox, ocis scheint in den vorliegenden dialekten erloschen zu sein. b) Der grödner dialekt, dem sich auch der bergamaskische, parmesanische und buchensteiner anzuschliessen scheint, vertauscht vor allen consonanten (mit

ausnahme der nasalen und im auslaut) o mit ou, welches nach Mitterrutzner wie fr. eu lautet; die grödner grammatik, die sonst das phonetische princip consequent durchführt, schreibt stets ou, nur 2 mal ëu: ëura (hora), flëura und flour (florem). Beispiele mit ou sind etwa: soul (solus), our = höchste spitze einer alpe (os -oris), lour (labor), miour (melior), signour (senior), servidour (servitor), nous (nos), invidious (invidiosus), cout (cotem), rour = eichel im spiele (robur fr. roure), ousch (voccm).

c) O bleibt rein. 1) Grödnerisch vor nasalen und im auslaut: pom (pomus), aber nuem (nomen); die endung o -onis lautet ogn: liogn (leonem), sablogn (sabulonem), intenziogn (intentionem), no (non), vo (vos).

2) Engadinisch vor m und im auslaut (wofür sich im ältern unterengadin auch uo einstellt): nom e. so schon 3. im müsserkr. 148, während Biveruni „num" schreibt (nomen), pom e. (pomus), giò e. (deorsum), co b. (qumodo), no, nus 2. nus 3. (nos), vo 2. vus 3. (vos), tot 2. (totus). P. Saluz schreibt: nuom, puom, nuo (nos), tuot; D. Champ.: nuo; J. Andeer: vuo u. no tuott ist auch die jetzige form von 3.; die lat. endung or (tor) lautet im sgl. ur b., im pl. aber schon in den ältesten quellen beider engadiner dialekte -uors. Müsserkrieg: dulur 271 duluors 476, s gnur 285 signuors 300, traditur 570 tradituors 450. D. Champ.: amur, legiadur, pastur, sengur pl peccaduorse ps. 1; nur ein mal begegnet hunuor cf. Car. gr. p. 200. aber ps. 42 hunure; Car. nachtrag von 1852 bietet fluor neben flur, doch ohne angabe des dialektes und später ist flur = blüthe mit e. bezeichnet; in Car. gram. p. 128 finden sich (aber ebenfalls ohne angabe des dialektes): amatuor, genituor, dispensatuor, seguitaduor; aber die fem. bewahren u in allen dialekten unverändert: cantadura, amatura u. s. w.

3) In einigen schlecht assimilirten worten: dotta b. dòta gr. (dotem fr. dot`, october Conr. uttober

gr, nepot Conr. nevs Car. 1. (fr. neveu), testimoni b. (fr. temoin).

d) Schliesslich sind noch einige ausweichungen zu kurzem o anzuführen: gliergia l. gloria e. glörgia Biv. (fr. gloire), niebel 1. möbel e. schon D. Champ. (nobilis fr noble) und die gemeinromanische ausweichung iev 1. öv e. uef gr. (ovum it. uovo sp. huevo pr. uou fr. oeuf nur wal. ou = ov).

II. Lateinisches kurzes o vor einfacher consonanz wird in den verwandten sprachen diphthongiert, nur der Portugiese, oft auch der Provenzale verwirft den diphthong.

a) Der diphthong fand auch in unseren dialekten eingang, ohne (besonders im oberländischen) das einfache o vollständig zu verdrängen. Die Formen sind: ie 1. ö, ou e. ue gr.

1) Oberländisch: ieli (oleum fr. huile); die endung -olus lautet oft -iel: lanziel (linteolum fr. linceuil), calschiel = strumpf (calceolum), bien (bonus it. buono), miera (moritur pr. muer fr. meurt), zsgz. chir (corium it. cuojo), sir (socer pr. suegre), chied (fr. coq. cf. e. w. II. o. 253), miod (modius fr. muid), miesel (modiolus fr. moyeu cf. it. mozzo c. w. II. a), zsgz. vid (it. vuoto, e. w. II. a. 77.), diever = gebrauch (adoperatio cf. sp. huebra fr. oeuvre), Gievgia Conr. (Jovis dies fr. Jeudi), niev (novus it. nuovo), pievel (populus fr. peuple), triep m. (it. tropa cf. c. w. I. 426.). Vor gutturalen schreibt Car. eu Conr. ieu: feug, fieug (focus pr. fuec fr. feu), gieug Conr. giuce Car. (jocus fr. jeu), reug, rieug (rogatio und rogat cf. wal. roage), leug, lieug (locus pr. luec fr. lieu).

2) Grödnerisch: duele (dolet it. duole), uele (oleum cf. sp. huele), uel (vult fr. veut), linzuel (sp. lenzuelo), cazuela (sp. cazuela e. w. I. 121.), uem (it uomo), ouer (cor sp. PCid cuer), brued (ahd. brod it. brodo), tramuescha = mühlkasten (it. tramoggia von modius), uet (it. vuoto), muever (movere cf pr. mueu fr. meut), nuef (novus, novem), truep, true (it. troppo),

cuega (coqua it. cuoga', fuech (focus pr. fuec), luech (locus pr. luec).

3) Engadinisch braucht ö und ou. α) ö: öli (fr. huile), söli vrlt Biv. (solidus), bröl (it. bruolo pr. bruelh fr. brevil e. w. I. 88.), linzöl, catschöl (calceolum', cazzöla, bön, chör (corium), sör, rōsa (rosa [o kurz, während es die andern romanischen sprachen als lang behandeln] cf. e. w. I. 357.), chöd (fr. coq), möd (modius), möd (modus in den verwandten sprachen der diphthong nur altsp. muedo fr. moeuf), mözel, mosel (modiolus) vöd (it. vuoto), adöver, döver (adoperatio), pövel (fr. peuple), prōpi (prope afr. pruef), tröp (fr. troupe), fö (fr. feu', giō (jeu), lö (lieu', rö 2. röv, aröv 3. (rogatio) [25]). β) ou: moula (mola fr. meule), scoula (schola it. scuola), soula (solum it. suolo), voul (it. vuole), svoul = flug (fr. vol); -olus lautet neben -öl auch -oul (besonders f. -oula), figlioul, -oula (filiolus fr. filleul), paglioula (it. pagliola von lat. palea), cour (cor), our, oura (foras fr. hors), sour (soror pr. suer fr. soeur), nouda (nota gemeinromanisch ohne diphthong), rouda (rota fr. roue', crouda (conrotat cf. it crollare e. w. I. p. 146.), bouv (bos it. bove fr. boeuf), mouver (movere), nouv (novus, novem), prouva müsserkr. 204 (proba fr. prouve), ouvras müsskr. 636 (operas fr. oeuvre', adrouven Biv. cf. Car. gr. p. 175. (arrogant od. adoperant?', rouga D. Champ cf. And p. 73. (rogat).

b) In den bündnerdialekten herrscht vor n, theilweise auch vor m vorliebe zu u, wofür die engadinerdialekte (namentlich in romanischer, wie lateinischer position) auch uo bieten, häufig aber auch o rein bewahren: bunn, bun b. neben bien 1. bön e. schon Biv., D. Champ. u. s. w. (bonus), tun b. (tonus fr. ton), sunn b. (sonus fr. son) hum 1.

---

[25]) Der fassaner-dialekt in Tyrol wandelt o ebenfalls zu ö, z. b. nöf, (novus), möver (movere), föch (focus), chöga (coqua).

so auch Biv. hom e. P. Saluz (Car. gr. 187) u. müsskr. 569, huom D. Champ. ps. 1 (homo).

c) o bleibt (besonders häufig im oberländischen) analog dem kurzen e rein: mola, scola, sola, sgol (e. svoul), solid, stolid, catholic; -olus -ola lautet öfter -ol -ola: figliol, figliola, pigliola Conr. (pr. paillola e. paglioula), cor (it. cuore), chor b. (chorus it. coro fr. choeur), or, ora, fora (foras), sora (it. suora), rosa, noda, roda, croda (*conrotat); broda b. (ahd. brod), bov 1. 2. (bovem), mover, nov (novem it. nove scheideform von niev it. nuovo aber scheniv für scheniev = decem et novem), ovra b. dovra 1. prova u. s. w. Auch statt der diphthongischen formen, finden sich nicht selten die mit dem einfachen vokal. Beispiele des reinen vokals im grödnerdialekt sind etwa: scola, schol (sgol 1.), ora, dedora (badiotisch defora fr. dehors), sor (it. suora), rosula (rosa), bogn (buono), roda (it. ruota), po (it. puote), bo pl. bues (it. bove pl. buoi), coutra (coperta)

III. In der position bleibt o in den verwandten sprachen ungestört, nur walachisch und spanisch gestatten auch hier, wie bei e den diphthong; jenes hat oa dieses ue.

a) In unsern dialekten findet sich der diphthong gleichfalls; die formen sind aber sehr mannigfach: ie, i, e 1. ŏ, vrlt. oa 2. üe, oa, ŏ 3. ue gr.

1) Oberländisch ie, i, e (vorzugsweise vor liquidis und s, doch nicht streng): siemi (somnium), sien (somnus sp. suegno), tient Conr. (ton 'tus it. tondo), quint b. (computo sp. cuenta), chiern (cornu sp. cuerno), dies (dorsum fr. dos), miersa (morsus it morso), iert (hortus sp. huerto), pierta (v. porrigere), tiert, antiert (tortum sp. tuerto), chierp (corpus sp. cuerpo), chierv (corvus sp. cuervo), ierfan (orphanus sp. huerfano), pierch (porcus sp. puerco), niess (noster sp. nuestro), piest (positum sp. puesto), viess (voster sp. vuestro), iess (ossis sp. huesso), pia (postea it. poscia), dapi (sp. despues), briek (fr. brok cf. e. w. I. p. 87), schliepp = knall (scloppus cf. it

schieppo e. w. II. a.), chietschen Conr. cotschen Conr. Car. Rufin. (coccinus), tissi (toxicum it. tosco pr. tueissec cf. e w. I.), der ursprüngliche diphthong ue erhält sich in: queissa (coxa pr. cueissa fr. cuisse) Vor erweichtem i zieht sich ie zu e zusammen und e wird dann bisweilen mit ö vertauscht: begl (botellus it. budello cf. e. w. I. 93), deglia (*dolium fr. deuil), fegl, feigl, foegl (folium fr. feuille), egl, eigl, oegl (oculus fr. oeil). Die Schreibung eu, ieu begegnet auch hier (besonders vor l wenn ihm durch vokalausfall ein dental folgt): mieult, meult (molutus fr. moulu), schieulda, scheulda. (soluta fr. solde), vieult, veult (volutus it. volta fr. voûte), ebenso: leung (longus sp. luengo).

2) Engadinisch ö (Gegenwärtig vor r streng gemieden; beispiele dafür aber bei Biver. u. vereinzelt im müsskr.): bögl (it. budello), döglia (fr. deuil), fögl (fr. feuille), ögl. (fr. oeil), vögl e. vi 1. volo), sömi (somnium), sön (somnus), lönsch. adv. schon D. Champ. Biv. u. müsskr. (longe), döss e. (dorsum), öss (os, ossis), dapö (fr. depuis), pöia (pr. poisas), pöst e., bröck (it. brocca), tössi (toxicum). Vor r: accört müsskr. (sp. acuerdo fr. accord), chiörp Biv. cörp müsskr. (corpus), mörf. Biv. (morbus), glörgia Biv. (gloria).

3) Oberengadinisch üe vor r mit folgender consonanz (einzelne beispiele schon bei Biver. und im veltlinkr.): chüern (sp. cuerno), üert, (sp. huerto), spüerta (pierta 1.). tüert (sp. tuerto), hüerdi (hordeum), müersa (it. morso), chüerp, (sp. cuerpo), püerch (sp. puerco), chavüerg (von cavatus), bei Biver.: püerti (portica), memüergia (fr. memoire); veltlkr.: achüert (fr. accord), hüert (hortus), tüert (sp. tuerto) aber historgia.

4) Der diphthong oa (im gegenwärtigen oberengadinisch selten vor liquidis; die ältere sprache des müsserund veltinerkrieges und das älteste unterengadin von D. Champ. braucht ihn in der geltung des oberländischen

ie) coatschen (coccinus), coassa (coxa wal. coapse', noat (noctem wal. noapte', oach (octo), roaccha (ahd. rocco sp. rueca), oaz (hodie pr. huci), goasch = kropf (it. gozzo cf. e. w. II. a 34), coala κολλα fr. colle), foarbasch (forcipem), foassa (fossa). Beispiele bei Dur Champ.: uoalw (volvo) ps. 42, uoluer ps. 42, doarm (dormit sp. duerma wal. doarme) Car. gr. p. 200, cuffoarte = trost (cf. wal. foarte) ps. 23, moarte (mortem sp. muerte) ps. 23, muart [26]) (mortuus) Andeer p. 73, dschoarfnan (disorphanant cf. sp. huerfano). Car gr p. 198, poarta, porta (portat cf. wal poarte = porta) ps. 23 ps. 1, noass (noster sp. nuestro) And. p. 73, oass (sp. hueso', poass (possum sp- puedo), raspoastas (sp. respuesta) Car. gr. p. 199, resposta And. p. 73, noatte (noctem pr. nueg wal. noapte) ps. 1, proassem (proximus); auch in offener silbe ist ihm dieser diphthong bekannt: poa, poan (podest, possunt) Car. gr. 198, choa (it. come', proa jetzt pro e. = bei (pro afr. eide pro nfr. pour). Beispiele im Müsserkrieg: poart 232 portus reimt auf sort aber 424 soart (sortem wal soarte), spoarta 591 = Gefolge (it scorta? cf. c. w. II. a. p. 21), voass pl. 475, noas pl 503, noss nossa sgl. 22. 206, poassa (possit) 348, poasta = post (?) 74, respoasta 301, noat, not 45. 77. Beispiele im Veltlinerkrieg: foart 412, foarz 95, forza 102, moarts (mortui) 579, soart 486, coarp. (sp. cuerpo), Tschoarschet (cf. fr. George) 828, noassa sgl. nossas pl. 14. 27, noat 128, not 50 (wal. noapte), oaik (octo) 272.

5) Grödnerisch ue (besonders vor nasalen und gutturalen, aber streng gemieden vor l, r s.): suen. (sp. suegno), scuender (abscondere), fruent (frontem sp. frente alt. fruente), puent (pontem sp puente), respuender

---

[26]) Dieses ist die einzige Form mit ua, welche mir aufgestossen ist; beruht sie nicht auf einem druckfehler, so haben wir in diesem ua die vermittlung des oa zu „ue" gr. „üe" 3. „ö" e. „ie" 1., welches letztere schon Diez rom. gr. I. p. 150 als ein verdünntes üe, entsprechend dem pr. ue, erklärt hat.

respondere', cuessa (pr. cueissa), cnetschen (coccinus), cucta (cocta fr. cuit', nnct (noctem pr. nueg) uedl, oculus) tuessē (toxicum pr. tueissec); tënder (tondere) scheint (was öfters auch im spanischen geschieht) u ausgestossen zu haben.

b) Im oberländischen herrscht neben dem diphtongen (besonders vor nasalen) vorliebe zu u, für welches oberengadinisch meist uo eintritt; unterengadinisch bleibt aber „o" gewöhnlich unverändert: cunt, cont c. cumt 3. müsskr. 42 (comitem fr. comte), dunna 1. duonna 2. donna 3. doch Biv. und Veltkr. 1091 duonna so auch D. Champ. (domina sp. duegna), pumpa b. pompa 3. müsskr. 395 (fr. pompe) prunt, pront 1. 3. prompt 2. (fr. prompt), ancunter 1. incunter c. (sp. encuentro), frunt 1. fruont c. (frontem wal. fruntę), munt b. (montem fr. mont), punt (sp. puente), spunda 1. sponda 2. spuonda 3. (it. sponda), rispunder 1. risponder 2. respuonder 3. (fr. répondre), tunder (tondere sp. tundo), lung c. (longus it. lungo), lunsch 1. (longe), munch, muing 1. muonch c. schon Biver. (monachus fr. moine), sampugn 1. sampoign = kuhschelle (symphonia it. sampogna); hierher gehören auch: curt, cuort b. (chortem wal. curte), urden, uorden b. (ordinem), puorta Bivar. 3. (portat', furma, forma 1. fuorma c. (forma), canuscher 1. conoscher 2. conuoscher 3. (cognoscere), rucca 1. rocca 2. (ahd. rocco sp. rueca).

c) In zahlreichen fällen bleibt „o" rein, regelrecht im grödnerdialekt vor „l", „r", „s" und im unterengadiner vor „r": coll gr. (collum sp. cuel'o), cola 1. colla 2. gr. (κολλα sp. cola), foll b. (follis sp. fuelle wal. foale), moll Conr. 1. gr. (mollis), volver b. volvere), corn 2. gr. (cornu), morsa 2. (it. morso), fort, fors b (fortis), mort b. gr. (mortem), porta b. gr. (porta, portat), sort b. gr. (sortem), tort 2. (tortum fr. tort), corda b. gr. (chorda), morder (fr. mordre), corp 2. gr. (corpus), corv c. gr. (corvus), orb, orv b. (orbus), orfan b. (orphanus), orde gr. (hordeum), forsch 1. (forcipem), porch 2. (porcus), ancorscher part anchiert 1. inacordscher p. -cort e. (inadcorrigere cf. it. accorgersi), porscher b. gr. (porrigere), torscher gr (torquere), coss b. (cossus), costa b. (fr. côte), fossa 1. 2. gr. (fossa). noss, voss [27]) e. nost, vost gr. (noster, voster), oss gr. (oss, -ossis), plitost 1. pütost e. (fr. plutôt), ozz 1 hoz 2. (hodie), cossa 2. (coxa), noig 1. nott 2. (noctem), och, oig, otg 1. ott 2. gr. (octo), prossem 1. 2. (proximus) und viele andere.

## U.

I. Langes u bleibt in allen romanischen sprachen fast ausnahmslos bestehen. Im französischen hat es jedoch die aussprache ü angenommen

a) Von unseren dialekten bewahrt der grödnerische den reinen laut. Die Engadiner sprechen und schreiben ü und ihnen scheinen sich einige tyrolische dialekte (der enneberg-badiotische, sulzbergische und bergamaskische) anzuschliessen. Im Oberland hingegen hat sich ü zu i verdichtet.

1) Beispiele vor liquidis und s: cul gr. chül e. chil 1. (culus), mul gr. mül e. mill, mül 1. (mulus), pulesch gr.) püllasch 3. pülsch 2. pillisch 1. (pulicem), luli gr. (it. luglio), flüm e. (flumen), fum gr. füm e. fim 1. (fumus), glüm e. (lumen), pluma gr. plimma 1. (pluma), spimma 1. (spuma), schiümma e. (ahd. scûm); die endung -umen lautet -um gr. üm e. imm 1.: sterdum gr. sternüm e. sternimm 1. = streue (v. sternere); cuna gr. chüna e. chinna 1. (cuna), luna gr. glüna e. glinna 1. (luna), prünna 3. prümbla 2. primm 1. (prunum), ugn gr. ün e. ün, in 1. (unus), Schugn gr. (it. Giugno); endung -unus, una lautet ün, üna e. inn, inna 1. (grödnerische beispiele fehlen): jejün e. giginn 1. (jejunus),

---

[17]) Auch im Oberland lautet der plur. nos, vos u. so schwindet der diphthong im plur. überhaupt; chiern, iert, chierd, pierch haben den pl.: corns, orts, corps, porcs cf. Car. gr. p. 135.

furtüna e. furtinna 1. (fortuna); chüra e. chira 1. (cura), dür e. dir 1. (durus), schurè gr. gürar -är e. girar 1. (jurare), mur gr. mür e. mir 1. (murus), pür, spür e. spir 1. (purus); die endung -urus lautet -ur gr. -ür e -ir 1.: mudur gr. madür e. madir 1. (maturus), scur gr. schiür e. schir, stgir 1. (obscurus), segur gr. sgür e. sagir, sigir 1. (securus), drettüra e. darchira 1. = gericht (directura), natüra e. natira 1.; füs e. = spule fis 1. Conr. (fehlt in oberländischer form bei Car.) (fusus), plu gr. plü 2. pü 3. pli 1. (plus), üs, adüs e. disa 1. (usus).

2) Beispiele vor mutis und im auslaut: agut = nagel gr. agüz 3. güz 2 gitt, igitt 1. (acutus), agüd e. agid 1. (adjutus), mudè gr. müdar -är e. midar 1 (mutare), mütt e. mitt 1. (mutus), utl. gr. ütil e. itel 1. sbat. (utile); die endung -us -utis wird -ut gr. üd e. id 1.: salut gr. salüd e. salid 1. (salutem); die endung -utus, -uta lautet -ù -uda gr, -ü -üd, -üda 2. -ieu -eu, -ida 1. -ieu [28]), -ida 3.: temù -uda gr. tmü -üda 2. temieu -eu, -ida 1. tmieu -ida 3.; analog: crü e. crieu, creu 1. cruf gr. (crudus), nüd e. nieu, neu 1. (nudus), palü, palüd e. palieu. paleu 1. (paludem), sua gr. süae. sieua, scua 1. (sudat, ua gr. üa e. icua, eua 1. (uva), güblar 2. jüvlär 3. givlar oberhalbsteinisch (jubilare), nüvel e. nivel 1. (nubilum), sü e. si, sin 1. (cf. it. su), süsomm e. sisum 1. (pr. sus = sursum), üver e. gliver, iver 1. (uber), radir 1. redür e. ardür Biveruni (reducere), glüsch e. glisch 1. (lucem), tschütschar -är e. tschitschar 1. (sucare), sambücc 3. suig, suvig 1. savajü 2. (sambucus), cadüc e. (caducus), rügla e. rigla 1. [29]) = reue (von ruga? = runzel, finstere miene

---

[28]) U trat hier vollkommen in die analogie von i über, welches in gleicher stellung die nämliche behandlung erfährt, cf. p. 42. 2).

[29]) Rufinatscha leitet das wort von regula her, wogegen aber die engadinische form spricht. Die weiterbildung riglienacha 1. rüglanscha 2. rüglentscha 3. findet wohl ihre erklärung in einer anlehnung an poenitentia.

sp. ruga, arruga = kleine sünde), tu gr. tū e. tī
1. (tu).

b) Nur sehr geringe ausweichungen sind
auch hier zu verzeichnen: oupp 1. coppa e. copa gr.
(cupa auch it. coppa sp. pr. copa fr. coupe). baluord (it.
balordo lat. luridus it. lordo fr. lourd). Oberländisch:
mieur, meur mir oberhalbsteinisch mūr e. (mus, muris),
engadinisch: cumön bei Pitsch. Saluz cf. Car. gr. p.
188. müsserkrieg 32. 70. und noch jetzt 3., regelrecht
aber cumün 2. auch Dur. Champell, cumin. (communis).
Schlecht assimilirte lateinische wörter, in denen u blieb,
können nicht als ausnahmen gelten.

II Kurzes u vor einfacher consonanz wurde in den
verwandten sprachen zu o; einzeln geschieht das auch im
grödner-dialekt, während andere fälle ou bieten; die
bündner-dialekte aber bewahren u, welches auch der
Walache und Spanier begünstigt.

a) Beispiele für u in den bündnerdialekten:
gula b. (gula wal. gure sp. gula u. gola), muglier b.
(mulier pr. molher), humil b. (humilis fr. humhle), sun b.
(sum), sura b. (supra fr. sur), lutt 1. lut 2. (lutem it.
luto u. loto wal. lut), dubi (dubium it. dubbio fr. doute),
giuven 1. juven 2. (juvenis wal. zune fr. jeune), luf b.
(lupus it. luvo fr. loup), nua b. (inubi fr. où), crusch b.
(crucem wal. cruce sp. cruz), nusch b. (nucem wal. nuce),
giuff 1. giuf e. (jugum sp. yugo); weitere beispiele mit
palatalem i unter III.

b) Grödnerische beispiele für o und ou:
sogn (sum, sumus), nora (nurus pr. nora), schoun, schouna
(juvenis), coune (cuneus sp. cugno), louf (lupus), crousch
(crucem), schouf (jugum).

c) Wie einzeln auch in den verwandten sprachen,
tritt statt u öfters der diphthong von o auf, be-
sonders im oberländischen vor l, n, r mit pala-
talem i; die Engadiner schliessen sich dem an oder
setzen ü: begl 1. bügl e. (it. bolgia nfr. bouge cf. e. w.

I. 73.), basegna 1. bsögn e. vrlt. söng = sorge (it. sogna, bisogno e. w. I. p. 385), giuventegna 1. juventünna e. (gleichs. juventunea), vegliadegna 1. vegldüna e. (gleichs. vetulatunea), ingiergia Raf. injäria, ingiörgia e. letzt. vrlt. (injuria), lisiergia Ruf. (luxuria), plievgia 1. plövgia e. (pluvia it. pioggia), pluef gr. (pluvit it. piove fr. pleut), rieven, roven 1. röven 2. = anhöhe, rain (ruina it. rovina?); allein stehen: diember 1. nomber 2. numer 3. (numerus fr. nombre), leuva (lupa it. lova).

III. In der position wird u in den verwandten sprachen im ganzen wie kurzes u behandelt, d. h. es wird o, bleibt aber gern im walachischen und spanischen, nicht so häufig im provenzal. und französischen.

a) Die trübung zu o herrscht im grödnerdialekt vor allen consonanten (mit ausnahme des r) und wird auch unterengadinisch (doch nicht vor l und r) begünstigt. Im oberländischen und oberengadinischen finden sich nur wenige fälle: boll = insiegel (bulla it. bollo), bollé gr. bollär 3. = stempeln, doutsch (dulcis), mouscher (mulgere), polpa (pulpa), soloh (sulcus), solper (sulphur it. zolfo), bolp gr. golp 2. (vulpes goth. vulfs), plom e. plogn gr. (plumbus), romper gr. (rumpere), fond 2. (fundus), rondula gr. (hirundo fr. hirondelle), radond 2. turond gr. (rotundus), segond 2. gr. (secundus), onda 2. gr. (unda), vergogna 2. (verecundia), jondscher 2. schognscher gr. (jungere), sponscher gr. (pungere), onscher gr. (ungere), ontscha (uncia fr. once), fosch gr. (fuscus), moschia gr. (musca), toss 2. (tussis), loschs Conr. und Ruf. (luscus), angoscha 2. (angustia), gott 2. gotta gr. (gutta), mott b. = verstand (mlat. muttum it. motto fr. mot), mott 2. mozz gr. (it. mozzo cf. e. w. I. 284), poz 2. (puteus), dobel e dopl gr. (duplex), nozza 1. 2. (nuptiae), rott 2. gr. (ruptus), sott gr. (subtus), bocca 2. botgia gr. (bucca), toccar 2. (ahd. zuckön it. toccare), lottär 3. (luctare).

b) Vor r mit folgender consonanz verwandelt sich u grödnerisch meist zu ou: boursa (mlat. bursa), fourtgia (furca), sourd (surdus), four (furnus), tourdl = trübe von turbulo); aber correr, cors (currere, cursus), lers (ursus).

e) Oberengadinisch ist uo hauptform und ihm folgen nicht unhäufig die Unterengadiner und Oberländer. Regelrecht steht der diphthong in allen drei dialekten vor r mit beliebiger consonanz und l mit folgendem labial: cuolm b. aber oulm heizenberg. (culmus), cuolp b. culp h. (colaphus? it. colpo), cuolpa b. culpa h. (culpa), puolp b. (pulpa), puolvra (pulverem), suolper 1. suolpa 3. surfel 2. (sulphur sp. azufre', vuolp 1. guolp e. (vulpes goth. vulfs), buorsa b. (bursa), cuors b (cursus), cuorer 1. cuorrer e. (currere), cuort b. (curtus), fuorchia 1. fuorcha e. (furca), fuorn (furnus', nuorsa 1. = schaf (nutrix? cf. fr. nourrice engl. nurse', suord b. (surdus', tuorbel, tuorbi b. = trübe (v. turbulo), antuorn 1. intuorn e. (it. intorno), tuorp b. = schande (turpis), tuorr b. (turris), uors, uorsa b. (ursus), muott, muotsch 1. (it. mozzo', muott, muotta b. (it. motta cf. e. w. I. p. 283.', daguott 1. guott 3., puoz 1. 3. (puteus', anguoscha 1. 3. (angustia), muoschia, muosca b. (musca). Andere beispiele sind nur engadinisch (oft uur 3.): buollar 2. bollär 3. (bulla), suolch 2. suoigl 3. (sulcus), fuons 3. (fundus), muond e. (mundus), raduond 3. (rotundus), uonda 3. (unda), dinuonder e. (de in unde), verguogna 3. (verecundia), cuogn e. (cuneus), gruoign 1. = rüssel gruognär 3. (grunnire), puoign e. (pugnus), puonch (punctum), tuoss 3. (tussis), cruosta e. (crusta', ruot 3. (ruptus), suot e. (subtus), buocca 3. (bucca), duoch = wassergraben e. (ductus), luottar 2. (luctare).

d) Wie langes u wird es öfter vor st und ct behandelt: fust gr. fist 1. Car. fest Ruf. (fustis, fr. fût), gist 1. jüst 2. güst 3. (justus fr. juste), gistia 1 jŭstia 2. gŭstia 3. (justitia fr. justesse), frig fritg 1. frütt e (fructus fr. fruit), pitg 1. pütt e. = nadelstich (punctum cf. it. pizza fr. pince e. w I. 326), itg 1. ütt e. = salbe (unctum)

e) In den meisten fällen bleibt u oberländisch rein, einzeln auch bei den Engadinern: bullar (bollär 3.), dulsch 1. dutsch e. (dulcis), mulscher p. muls 1. muscher 2. munscher 3. (mulgere), suigl (sulcus), tumult b. (tumultus), plum (plumbus), rumper b. (rumpere), funs 1. (fundus), mund, radund, segund, unda, danunder, vergugna, cugn, grugn, grungiar, pugn (pugnus, punctum), ungla b. (ungula), schunscher 1. giundscher 3. (jungere), punscher 1. pundscher 2. (pungere), tuss, crusta, dubel, rutt, sutt, bucca, duch, luchiar, tuccar 1. tuchär 3. (it. toccare).

f) Wie bei kurzem u hat sich auch hier einzeln der diphthong von o eingedrängt: noazza 3. (nuptiae), mculscha 1. = das gesammte gemolkene (v. mulgere). Mit uebergehung des unlateinischen Y, von dem zu spärliche trümmer vorhanden sind, so wie des Æ und Œ, deren wir schon bei E gedachten, wenden wir uns schliesslich zu:

## AU.

Schon im latein verdichtete sich au häufig zu o und dieses adoptirte die ital., span. und franz. sprache, während der Walache und Provenzale den diphthong in seiner ursprünglichen geltung bewahrten. Von unsern dialekten setzt der oberengadinische consequent o; der oberländer und unterengadiner meist au einzeln daneben o; der grödner scheint o zu begünstigen.

1) Oberengadinisch o: soma e. (ahd. saum it. soma e. w. I. 363), or 3. gr. (aurum), ora (aura), tôr (taurus), alossa = faulbeere (etwa von alauda pr. alauza? Steub hält es für etruskisch), chosa (causa it. cosa fr. cause), clostra = kleter (claustrum), nosch = böse (von nauseo?) pôs (pausa), cloder part clos (claudere), frod

(fraudem), giodair e. (gaudere), giodia e. = ertrag (gaudium), lod (laudem), lobgia (ahd. laubjâ it. loggia fr. loge), pover (pauper), roba 3. robba gr. (ahd. roub goth. biraubon it. roba fr. robe) poch (paucus), roch (raucus); dieselbe behandlung erfährt secundäres au: grò (gratum, gradus), prò (pratum), chò (caput), ocha [30]) e (avica it. oca fr. oie), fo (fagus); die part. auf atus haben ò: ludò, chantò.. Man vergleiche auch p. 22. 3).

2) Oberländisch und unterengadinisch haben au, u. als nebenform öfter o. Unterengadinisch flacht au bisweilen zu a ab: sauma 1. samma 2. (pr. sauma), aur, ôr 1. 2. (wal. pr. aur), aura, ora 1. aura 2. (pr. it. sp. pg. aura), taur 1. 2. (taurus wal. pr. taur), laussa 1. alaussa 2. (cf. alossa 3.), caussa 1. chaussa 2. (wal. cause pr. causa), claustra (claustrum), nausch (nosch 3. cf. it. pr. nausa), paus 1. 2. (pr. paus), auda 1. (audio wal. pr. auz), clauder part. claus (claudo pr. clau), fraud (pr. frau), gauda 1. (gaudeo cf. pr. gaug), laud 1. 2. (wal. laude), laupchia, lauchia 1. labgia 2. (ahd. laubjâ), pauper (pr. paubre), rauba 1. roba, raba 2. (pr. rauba), pauc 1. pac 2. (pr. pauc), rauc, rauch 1. rauc, rac 2. (raucus), grau 1. grà 2. (gratum), grad 1. grà 2. (gradus), chiau 1. chieu 2. (caput), auca, oca 1. (avica), fau 1. (fagus), ludau, cantau 1. ludà, chantà 2. (laudatus, cantatus).

In folge eines weiteren lautwechsels tritt im grödnerischen öfter der diphthong des o ein: puere (pauper), puec (paucus afr. pau, po nfr. peu), stueb (ahd. staub).

---

[30]) Grödnerisch lautet das wort aulgia, abteiisch alscha ma c. alschugn. Mitterrutzner p. 17. gibt desswegen alca zu erwägen, welches in der ornithologie einen gänseartigen vogel bezeichne. Doch könne im abteiischen au zu al aufgelöst zu sein, wie auch in aldi = audire; laldè = laudare, l'altogn = auctumnus. Die gleiche erscheinung bietet das florentinische cf. rom. gr. I. p. 160.

## Bemerkungen zu den betonten vokalen.

Wie die französische sprache, hielten auch vorliegende dialekte das ziemlich streng durchgeführte princip der andern romanischen sprachen: „die langen vokale bleiben wie sie sind" nur theilweise fest. Gleichwohl zeigen auch hier die langen vokale eine weit grössere stätigkeit als die kurzen. Der veränderungen, welche jenen widerfuhren, sind nur wenige und consequent durchgeführte, während bei diesen oft die mannigfachsten wandlungen neben und durcheinander gehen. Den langen vokalen liessen alle dialekte fast die gleiche behandlung angedeihen und nur in der gestaltung der kurzen weichen sie oft weit von einander ab.

Ungestört durch alle dialekte blieb allein î. Ihm zunächst steht û, welches grödnerisch rein bleibend, in den engadinerdialekten den franz. laut ü erhält und oberländisch vollständig mit i verschmilzt. ê und ô erfahren die gleiche behandlung wie kurzes i und u, analog den verwandten sprachen, besonders der ital. und prov. Jedoch trat bei ê und kurzem i nach französischer weise (nfr. oi norm. u. nordit. ei dial. v. Anj. u. Poit. ai) der diphthong (ei 1. ëi gr. ai e.) an stelle des einfachen e der andern sprachen, und für lat. ô und kurzes u setzen die bündnerdialekte u, der grödner ou, welchem it. pr. o; sp. port. o (= lat. ô) o, u (= lat. ŭ) fr. eu, o (= lat. ŏ) o, ou (= lat. u) und unsern dialekten zunächst kommend wal. o, oa, u (= lat. ô) u (= lat. u) entsprechen. Lat. au hat oberländisch und unterengadinisch den prov. u wal.

laut au; oberengadinisch und einzeln auch in den andern dialekten tritt an seine stelle, wie it. sp. fr. „o." Bei a schwand wie auch sonst der unterschied der quantität. Oberong. und grödn. schwächen es, wie franz., vor einfacher consonanz zu ä, è (rein bleibt es aber vor m in beiden und vor n im grödnerdialekt). Die schwächung findet sich auch vor mehrfacher consonanz (obereng. wenn n, grödn. wenn r der erste consonant ist). Am reinsten bewahrt der Unterengadiner den a laut, während im Oberland (einzeln allerdings auch im Unterengadin) vor den nasalen au oder o an seine stelle tritt, analog dem dumpfen u des walachischen. Der verdumpfung des a zu au, obereng. ô vor (verstummtem oder fortbestehendem) l und folgendem consonanten, ist auch den andern romanischen besonders der französichen sprache bekannt. Kurzes e und o zeigen in den bündnerdialekten nur selten diphthongierung [ie (ea) = lat. kurz. e; ie 1. ö e. = lat. kurz o] während grödn. wenigstens bei o der diphthong (ue) analog den verwandten sprachen (sp. pr. ue) hauptform ist. Eine art umgekehrter diphthong ist im Engadin üblich (ei = kurz e; ou = kurz o), wofür auch der Portugiese einige beispiele zu haben scheint. In der position aber findet der diphthong des „e" u. „o" (wie sp. wal. und einzelne auch pr. u. afr.) umfangreiche anwendung. Am sparsamsten gebraucht ihn das unterengadinische in seiner jetzigen gestalt. Im oberländerdialekt besteht der reine vokal meist gleichberechtigt neben dem diphthongen. Die ältesten denkmäler beider engadinerdialekte und der grödner diphthongieren e vor r. Gegenwärtig haben die Engadiner den diphthong auch hier fast ganz aufgegeben, während an stelle des einfachen o noch im gegenwärtigen oberongadinisch mit vorliebe der diphthong gesezt wird und zwar in drei gestaltungen: ō (welches auch der Unterengadiner kennt), oa (welches im älteren obereng. und im ältest. untereng. sehr bevorzugt wird) und üe. (im gegenwärtigen oberengadin. vor r). Lat. i in der position wird wie in allen romanischen sprachen so auch hier zu e (engad. bisweilen ai), oder bleibt seltner rein. In der alten sprache beider engadinerdialekte scheint jedoch auch hier diphthongierung zu ea, ia, ie herrschend gewesen zu sein. Lat. u in der position bleibt oberländisch meist unverletzt (wie im walachischen) und wird unterengadinisch (wie in den übrigen verwandten sprachen) meist o. Vor r oder l mit folgendem consonanten aber wenden beide dialekte den diphthong uo an, der im oberengadinischen sogar vor allen consonanten hauptform ist. Der grödner setzt o und vor r mit folgend. consonanten ou.

Die tabelle der vokale, bei welchen jedoch nur die hauptformen berücksichtigt sind, ist folgende:

|  | 1 | 2 | 3 | gr. |
|---|---|---|---|---|
| A einf. cons. | a, au, o | a (o), vrlt. au | ä, a | è, a |
| mehrf. „ | a, o | a (o), vrlt. au | a, au (=ä) | a, è |
| E lang | ei, e | ai, e | ai, e | ĕi, e |
| kurz | e, ie | ei, e | ei, e | e, ie |
| posit. | ie (ia), e | e, vrlt. ie und ea | e, vrlt. ie und ea | e, ie |
| J lang | i | i | i | i |
| kurz | ei, e | ai, e | ai, e | ĕi, e |
| posit. | e, i | e, ai, vrlt. ie (ea) | e, ai, vrlt. ie (ea) | ĕ, i |
| O lang | u | u (o) | u (o) | ou (= eu?), (o) |
| kurz | o, ie | ou, ŏ, o | ou, ŏ, o | ue, o |
| posit. | ie, o | o, ŏ, vrlt. oa | üe, oa, ŏ | o, ue |
| U lang | i | ü | ü | u |
| kurz | u | u | u | ou, o |
| posit | u, uo | o, uo, u | uo, u, o | o, ou |
| Au | au, o | au, (e) | o | o, au |

# Lebenslauf.

Ich *Edmund Max Stengel* wurde den 5. april 1845 zu Halle a/S. geboren, als jüngster sohn des maurermeister *Stengel* und seiner ersten frau *Dorothea* geb. *Flöthe*. Die mutter entriss mir ein früher tod bereits 1856 und auch meine zweite mutter ist vor wenigen wochen dem tode erlegen. Meinen ersten unterricht genoss ich in der privatschule des herrn *Gaudig*, besuchte darauf die lateinische hauptschule der *Franke*'schen stiftungen und bezog im october 1865 die universität Halle, von wo ich ostern 1867 nach Bonn übersiedelte. Allen meinen lehrern am gymnasium sowohl wie an den beiden universitäten meinen aufrichtigsten dank. Ich hörte die vorlesungen folgender docenten: 1) in Halle: *Bernhardy*, *Böhmer*, *Conze*, *Dümmler*, *Gosche*, *Heyne*, *Lucae*, *Pott*, *Steinhardt*. 2) In Bonn: *Delius*, *Diez*, *Gildemeister*, *Knoodt*, *Treitz*, *Usener*.

# Thesen.

*1) Die neuern sprachen dürfen gegenwärtig dieselbe stellung an den universitäten beanspruchen, wie die classischen, und das studium beider muss in wechselseitig fördernde beziehung treten.*

*2) Das studium der englischen sprache sollte auf den realschulen in gleicher weise gepflegt werden, wie das der französischen sprache.*

*3) Eine richtige orthographie lässt sich nur auf wissenschaftlich durchgeführtem, phonetischen princip aufbauen.*

*4) Der tod des Sokrates ist die lösung eines tragischen conflictes.*

*5) Den formen der romanischen substantiva liegt kein bestimmter lateinischer casus zu grunde.*

*6) Die gothischen vokale ê und û sind als ersatzlängen von a und u zu fassen.*

*7) Im drittletzten vers des Hamlet verdient die lesart der Q. A. und der F.: „Take up the body" den vorzug vor der der Qs.: „Take up the bodies."*

*8) Unter dem veltro (canto I. Inf.) versteht Dante weder Can Grande noch Uguccione della Faggiuola noch überhaupt eine bestimmte persönlichkeit.*